呼叫中心呼出业务能力训练

组　编　北京华唐中晟科技发展有限公司
主　编　冯俊芹　程小强
副主编　张　辉　姚向阳　张培锦
　　　　崔同辉　王　蒙　李　洁
参　编　吕建娜　孔艳艳　吉艳青
　　　　贾艳梅　刘月红　闫　锦
　　　　王腾飞　李玉莉　王　坤
　　　　张　超

机械工业出版社

本书依据1+X呼叫中心客户服务与管理职业技能等级标准，结合呼叫企业真实项目背景，采用活页式教材体例编制。本书主要内容包括了解呼叫中心呼出业务、电信增值业务客户关怀、家电维修客户投诉回访、快消品消费者电话调研、汽车4S店客户满意度调查、会议展览电话邀约、幼儿早教产品电话销售、企业招聘套餐电话营销、汽车保险续保电话营销9个学习任务。

本书可作为各职业院校客户信息服务、电信服务与管理、市场营销及电子商务等专业的教材，也可作为企业培训教材。

本书配有电子课件，授课教师可登录机械工业出版社教育服务网（www.cmpedu.com）注册后免费进行下载。

图书在版编目（CIP）数据

呼叫中心呼出业务能力训练 / 北京华唐中晟科技发展有限公司组编；冯俊芹，程小强主编． -- 北京：机械工业出版社，2025.3． -- ISBN 978-7-111-78259-9

Ⅰ．F626.3

中国国家版本馆CIP数据核字第20253RB044号

机械工业出版社（北京市百万庄大街22号　邮政编码100037）
策划编辑：李绍坤　　　　责任编辑：李绍坤　徐梦然
责任校对：韩佳欣　刘雅娜　封面设计：鞠　杨
责任印制：张　博
北京建宏印刷有限公司印刷
2025年6月第1版第1次印刷
184mm×260mm・7.5印张・142千字
标准书号：ISBN 978-7-111-78259-9
定价：37.00元

电话服务　　　　　　　　　网络服务
客服电话：010-88361066　　机　工　官　网：www.cmpbook.com
　　　　　010-88379833　　机　工　官　博：weibo.com/cmp1952
　　　　　010-68326294　　金　书　网：www.golden-book.com
封底无防伪标均为盗版　　　机工教育服务网：www.cmpedu.com

前言

随着经济结构的调整,第三产业服务业占国民经济的比重越来越大,现代服务业也逐渐成为经济发展的重点。现代服务业是一种现代化、信息化意义上的服务业,具有高人力资本含量、高技术含量、高附加值"三高"特征。呼叫中心是基于CTI(计算机电话集成)技术的一种服务方式,是现代服务业的一种重要服务形式。

伴随着经济发展应运而生的呼叫中心产业在我国蓬勃发展,在通信、金融、电商、物流等行业均已得到了成功应用,它的业务范围不断拓展、服务内容继续延伸,呼叫中心建立了企业与客户之间顺畅沟通的桥梁。

本书依据1+X呼叫中心客户服务与管理职业技能等级标准,积极探索"岗课赛证"综合育人,强化工学结合、理实一体的教学模式。

本书将"弘扬诚信文化,健全诚信长效机制"深入融合教材内容,在培养职业技能的同时重视培养坐席员的职业道德、职业操守,提高从业者的诚信意识。

本书以专业知识和技能为载体,结合行业企业的真实项目案例,深入挖掘课程中蕴含的素质教育资源,把培育和践行社会主义核心价值观融入课程教学全过程,加强社会公德、职业道德、家庭美德、个人品德教育,实现技能培养、职业素养与素质教育的"三促进效应",引导学生树立正确的世界观、人生观、价值观,培养学生成为具有社会责任感和践行服务社会精神的客户服务人才。

本书主要内容包括了解呼叫中心呼出业务、电信增值业务客户关怀、家电维修客户投诉回访、快消品消费者电话调研、汽车4S店客户满意度调查、会议展览电话邀约、幼儿早教产品电话销售、企业招聘套餐电话营销、汽车保险续保电话营销9个学习任务。

本书的建议课时分配如下:

序号	学习任务	学时
1	了解呼叫中心呼出业务	4
2	电信增值业务客户关怀	6
3	家电维修客户投诉回访	8
4	快消品消费者电话调研	12
5	汽车4S店客户满意度调查	10
6	会议展览电话邀约	8
7	幼儿早教产品电话销售	8
8	企业招聘套餐电话营销	8
9	汽车保险续保电话营销	8

本书由北京华唐中晟科技发展有限公司组编，主编冯俊芹、程小强负责本书的统筹组稿和审核工作，各任务由副主编和参编分工完成，其中：学习任务1了解呼叫中心呼出业务由副主编张辉及参编闫锦共同完成；学习任务2电信增值业务客户关怀由副主编姚向阳及参编李玉莉、王坤共同完成；学习任务3家电维修客户投诉回访由副主编崔同辉及参编吕建娜共同完成；学习任务4快消品消费者电话调研由副主编李洁及参编孔艳艳共同完成；学习任务5汽车4S店客户满意度调查由参编刘月红完成；学习任务6会议展览电话邀约由副主编王蒙及参编吉艳青共同完成；学习任务7幼儿早教产品电话销售由参编贾艳梅完成；学习任务8企业招聘套餐电话营销由参编王腾飞、张超完成；学习任务9汽车保险续保电话营销由副主编张培锦完成。

由于编者水平有限，书中难免有疏漏和不妥之处，请广大读者批评指正。

编　者

目录

前言

导言 1

学习任务1　了解呼叫中心呼出业务 7

学习任务2　电信增值业务客户关怀 19

学习任务3　家电维修客户投诉回访 29

学习任务4　快消品消费者电话调研 43

学习任务5　汽车4S店客户满意度调查 55

学习任务6　会议展览电话邀约 67

学习任务7　幼儿早教产品电话销售 77

学习任务8　企业招聘套餐电话营销 89

学习任务9　汽车保险续保电话营销 103

参考文献 115

导　言

1. 本书内容简述

本书基于工作过程开发，是客户信息服务、电信服务与管理、市场营销等相关专业的职业核心课程教材，同时也是呼叫中心客户服务与管理职业技能等级证书的书证融通教材。通过学习掌握呼叫中心各项呼出业务的业务流程和处理技巧，通过练习具备从事呼出业务的职业技能和素养。本书以客户服务沟通能力训练、呼入业务能力训练等相关课程为基础，是专业核心课之一。

适用专业：客户信息服务、通信运营服务、电信服务与管理等。

开设时间：第3学期。

建议课时：72学时。

2. 典型工作任务描述

坐席员是呼叫中心的一线基础岗位，以电话外呼的方式进行企业客户的联络、维护以及销售活动。在大部分的呼叫中心，坐席员需要兼顾呼入呼出业务。也有部分以营销为导向的企业，坐席员专职于外呼业务，主要完成客户回访、满意度调研、市场调查、电话销售等业务内容。坐席员需要掌握各项呼出业务流程；编写话术脚本、设计和编写调研问卷；能够根据业务需要开展各项外呼、回访工作；通过沟通技巧有效挖掘客户潜在需求，并为客户提供解决方案；能够将回访结果通过系统及时记录和反馈。

3．1+X呼叫中心客户服务与管理职业技能等级要求描述（初级）

工作领域	工作任务	职业技能等级要求
1．呼入客户服务	1.1 客户有效沟通	1.1.1 能够通过倾听、提问、有效引导等沟通技巧，理解客户真正需求
		1.1.2 能够迅速归纳总结客户诉求重点，管理客户期望值，与客户达成协议
		1.1.3 能够结合产品知识为客户提供解决方案
		1.1.4 能够掌握咨询、查询、受理等呼入业务处理流程
		1.1.5 能够理解和疏导客户情绪，积极安抚客户情绪
	1.2 优质语音服务	1.2.1 能够运用客户服务礼仪，使用礼貌用语
		1.2.2 能够掌握吐字发音技巧，使用普通话为客户提供语音服务
		1.2.3 能够熟练掌握客户服务常用语，做到专业化的服务表达
		1.2.4 能够保持良好心态，为客户提供友善、热情的语音服务
	1.3 系统操作	1.3.1 能够正确使用呼叫中心业务平台，熟练运用系统进行搜索、查询及电话系统操作
		1.3.2 能够掌握准确、快速的打字方法，听打录入速度能达到50字/分钟（含汉字、数字及特殊标点符号）
		1.3.3 能够用简短文字准确描述客户主要问题及处理意见
		1.3.4 能够根据业务类型选择正确的工单分类及反馈渠道
2．呼出客户服务	2.1 外呼准备	2.1.1 能够熟练掌握呼出业务流程
		2.1.2 能够根据当前业务（产品）编写话术脚本
		2.1.3 能够根据业务（产品）需要编写调研问卷
		2.1.4 能够结合客户背景资料，编写FAQ
		2.1.5 能够合理安排外呼时间
	2.2 电话外呼	2.2.1 能够使用服务礼貌用语与客户进行交流
		2.2.2 能够根据业务流程开展调研、回访工作
		2.2.3 能够通过沟通技巧，挖掘客户潜在需求
		2.2.4 能够针对不同业务（产品）类别，为客户提供解决方案
		2.2.5 能够结合客户反馈意见，做好回访计划
	2.3 结果记录及反馈	2.3.1 能够熟练操作业务平台系统、工单系统等
		2.3.2 能够运用核对技巧准确记录客户关键信息
		2.3.3 能够准确记录客户反馈意见及回访结果
		2.3.4 能够用文字准确描述和总结客户问题及处理意见，并选择正确的反馈渠道

（续）

工作领域	工作任务	职业技能等级要求
3．在线客户服务	3.1 产品知识运用	3.1.1 能够准确地掌握产品基本信息，包括品名、属性、包装、重量等
		3.1.2 能够掌握产品的具体使用方法，并给予客户指导
		3.1.3 能够快速总结产品特点和卖点，进行商品介绍
		3.1.4 能够针对客户提出的问题，结合产品知识进行推荐和解答
	3.2 客户接待	3.2.1 能够熟练使用计算机及沟通工具
		3.2.2 能够掌握在线客户服务的服务规范、服务技巧及平台规则
		3.2.3 能够迅速了解客户需求，有效引导客户消费
		3.2.4 能够熟知在线客服KPI指标并进行自我管理
	3.3 订单促成	3.3.1 能够了解客户消费心理，并提供最佳方案
		3.3.2 根据客户需求，推荐匹配的产品或服务
		3.3.3 能够合理处理客户异议
		3.3.4 能够有效管理客户期望值并提供超值服务
4．电话销售	4.1 销售前准备	4.1.1 能够掌握电话销售的一般流程
		4.1.2 能够在电话中给客户建立良好的印象
		4.1.3 能够掌握一般的销售技巧、产品知识，编写话术脚本
		4.1.4 能够了解客户对于产品性能、形态等方面的需求与期望
	4.2 产品推荐销售	4.2.1 能够通过有效倾听提问，获得客户潜在需求信息
		4.2.2 能够熟练运用销售技巧、异议处理技巧，妥善处理客户提问和异议
		4.2.3 能通过话术脚本的执行及各种促销手段的落实完成销售任务
		4.2.4 能够有效管理客户期望值
	4.3 工单记录反馈	4.3.1 能够熟练操作业务平台系统、工单系统等
		4.3.2 能够准确地用文字描述客户主要问题及处理意见
		4.3.3 能够准确核实信息并生成订单，确保订单正确
		4.3.4 能够根据本次通话情况合理制订跟进计划

4．本书学习目标

完成学习任务后，预期学生能够达到的学习效果及职业能力具体如下。

1）掌握电话回访、客户关怀的基本流程和操作技巧。

2）掌握电话调研的一般流程。

3）掌握实施电话调研的技巧和方法。

4）熟悉电话调研问卷的标准格式。

5）掌握电话邀约的实施步骤。

6）掌握满意度调查问题设计的技巧和方法。

7）掌握满意度调研问卷的实施步骤。

8）掌握电话销售的基本流程和话术设计技巧。

9）掌握电话回访、客户关怀的基本流程和操作技巧。

10）塑造一线坐席员处理呼出业务的礼仪与职业素养。

11）培养中华优秀传统文化中讲仁爱、守诚信、崇正义等思想。

12）了解相关产业文化，遵守职业道德准则和行为规范，具备社会责任感和担当精神。

13）培养诚实守信、爱岗敬业、严谨细致、开拓创新的工作品质。

5．学习组织形式与方法

采用学生分组教学方法，模拟企业班组管理构成方式。教师根据实际工作任务设计教学情境、教师的角色是策划、分析、辅导、评估和激励。学生的角色是主体性学习，应主动思考、自己决策、实际动手操作。小组长要引导小组成员制订详细规划，并进行合理有效的分工。

本书倡导行动导向的教学，通过问题的引导，促进学生进行主动的思考和学习。教师可根据学习情境所需的工作要求，组建学生学习小组，学生在合作中共同完成工作任务。分组时请注意兼顾学生的学习能力、性格和态度等个体差异，以自愿为原则。

6．学习情境设计

序号	学习任务	学习任务简介	学时
1	了解呼叫中心呼出业务	了解呼叫中心主要呼出业务，对呼叫中心呼出业务的行业应用有所了解，掌握呼叫中心呼出业务的一般流程	4
2	电信增值业务客户关怀	了解客户关怀的意义，掌握客户关怀业务实施流程及实施技巧，能够运用所学专业知识完成优惠活动告知、老客户关怀、信息核对等流程	6
3	家电维修客户投诉回访	了解回访业务的行业应用，掌握客户投诉回访的标准内容，能适时提问并准确地解答客户的问题，平息客户的抱怨。通过回访提升客户满意度，挽留客户，维护公司形象和利益	8
4	快消品消费者电话调研	掌握市场调研的类型及相关理论知识，掌握调研问卷的设计技巧，运用电话调研的流程及电话调研流程中的常用话术，独立完成问卷设计及电话调研工作	12

（续）

序号	学习任务	学习任务简介	学时
5	汽车4S店客户满意度调查	掌握满意度调查的问卷形式，掌握汽车销售行业的满意度评价维度，能够运用沟通技巧完成满意度调查业务实施，提升企业的市场竞争力和口碑	10
6	会议展览电话邀约	掌握电话邀约的主要应用分类，掌握编写邀约话术的技巧以及会展业务类型的邀约技巧，能够通过知识和技巧的运用成功邀约客户到展	8
7	幼儿早教产品电话销售	通过对幼儿早教产品电话销售话术的分析，掌握正确介绍产品的礼仪及电话销售实施的基本步骤，掌握电话销售开场白技巧	8
8	企业招聘套餐电话营销	了解针对企业客户电话销售的业务类型，通过对客户及产品的分析，掌握电话销售LSCPA、SPIN、FABE法则运用技巧	8
9	汽车保险续保电话营销	了解汽车保险的基本知识，掌握异议产生的原因、类型，并掌握异议处理的方法和技巧；掌握常见的成交时机并掌握促成交易的方法	8

7．学业评价

班级：				姓名：				学号：									
学习任务1		学习任务2		学习任务3		学习任务4		学习任务5		学习任务6		学习任务7		学习任务8		学习任务9	
分值	比例5%	分值	比例5%	分值	比例15%	分值	比例15%	分值	比例15%	分值	比例15%	分值	比例10%	分值	比例10%	分值	比例10%

学习任务 ①

了解呼叫中心呼出业务

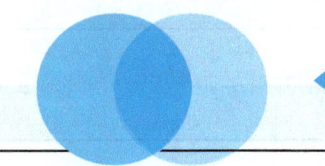

任务描述

北京××××信息技术有限公司创立于2014年12月，是世界服务外包百强企业的全资子公司，以计算机软件研发、信息技术服务为主要业务。公司专注于客户业务需求，采取整体全面的方法与客户进行互动，通过将能力和资产合理结合提升创收能力，加强客户体验和服务优化。

你刚刚入职该公司，在呼叫中心工作，职位为呼出坐席员，主要以电话外呼形式完成客户关怀、回访、营销、调研、数据清洗等业务。

刚刚加入项目的你，需要先了解呼出业务的知识和技能要求。

学习目标

- 了解呼叫中心呼出业务的业务分类。
- 掌握呼出业务的具体工作内容。
- 掌握呼出业务的一般工作流程。
- 树立职业理想，培养职业自豪感。

工作准备

- 了解呼叫中心的特征和主流行业应用。
- 熟知呼叫中心呼出业务的业务流程和分类。

获取信息

引导问题1：回顾呼叫中心的特征。

_____
_____
_____
_____

引导问题2：请写出呼叫中心的一个典型案例。

_____
_____
_____
_____

引导问题3：请分析下列案例属于哪种业务类型。

案例一

您好！我是×××汽车的售后服务人员×××。

请问您是×先生/小姐吗？

1. 前段时间您在我中心购买了一台×××325车型是吗？

2. 请您回顾一下，从买车到现在，您对我中心销售顾问提供的服务是否满意？（不满意的话询问原因，例如是态度？还是专业知识？）

3. 请您用1～10分来评价我们的整体服务，您会打多少分？（满意打10分，如果不是10分则询问客户哪方面需要改进，并且记录下来）

4. ×先生/小姐您对我们的服务还有其他意见或建议吗？

非常感谢您对我中心提出的宝贵意见和建议，您的反馈有助于提高我们的服务质量。

×先生/小姐，非常感谢您的配合，祝您用车愉快，再见！

业务类型：_____

案例二

您好，请问您是张先生吗？（是的）

张先生您好，我是×××保险公司的工作人员，我姓李，工号12345。今天致电给您是因为您是我们×××保险的尊贵客户，作为答谢我们可以为您免费办理一张××××银行的双币种信用卡。

请问您有信用卡吗？（有）

相信张先生对信用卡的使用还是非常了解的，××××银行这张信用卡只要您开卡使用，除了最基本的透支刷卡、消费积分的功能外，还会赠送您两份保险，一个是家庭财产盗抢险，另一个是航空意外险，这两份保险从日常生活到出行安全，为您提供全方面的保障，其中航空意外险的保额最高可达200万元。除此之外，我们××××银行信用卡的市场优惠活动也是非常多的，如果您现在办理还可以赶上我们今年的一个在指定影院10元看电影的活动，非常的实惠。

张先生请问现在帮您办理吗？

业务类型：_____

案例三

您好，××先生/女士，这里是××××调研中心，本次致电您是对英语学习兴趣度做一个市场调研，只需要两分钟时间，请问您有兴趣参与调研吗？

Q1. 请问您半年内是否在广州生活或发展？

  A. 是-Q2   B. 否-重新记录

Q2. 请问您平时生活或工作中会用到英语吗？

  A. 经常   B. 偶尔   C. 几乎没有

业务类型：_____

引导问题4：请对照呼入业务的一般流程，整理呼出业务的处理流程。

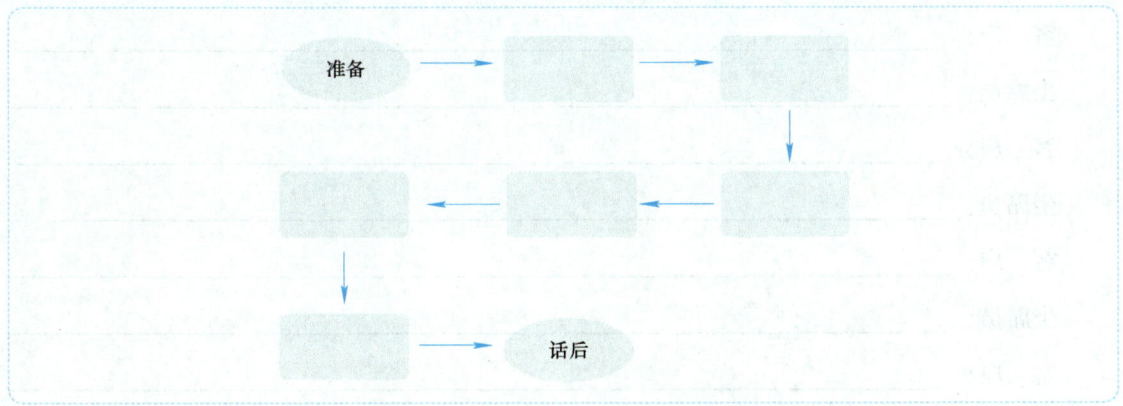

任务实施

1. 请小组分工收集各类呼出业务的案例，组内讨论其业务的特点，并点评业务分类的正确性。请将讨论结果填入表1-1中。

表1-1　组员成果分析表

组员	业务类型	企业案例	是否正确匹配
			□是　□否
			□是　□否
			□是　□否
			□是　□否
			□是　□否
			□是　□否
			□是　□否

2. 请整理记录对应呼出业务的话术。

坐席员：_____

客　户：_____

坐席员：_____

客　户：_____

坐席员：_____

客　户：_____

坐席员：_____

客　户：_____

坐席员：_____

客　户：_____

坐席员：_____

客　户：_____

坐席员：_____

客　户：_____

3. 结合组内评价结果进行改善,分组进行一对一话术练习,分组情况由组长在表1-2中进行记录。

表1-2　小组成员分组表

分组	坐席	客户
1		
2		
3		
4		
5		

4. 小组组员间进行试讲,通过组内的评价,总结各项业务的特点,在表1-3中进行记录。

表1-3　组员试讲评价表

组别	业务案例	业务特点

评价反馈

每个学生的成绩评定将按学生自评、小组互评、教师评价三阶段进行,并按学生自评占20%、小组互评占30%、教师评价占50%作为每个学生的综合评定结果。

1. 学生进行自我评价,并将结果填入表1-4中。

表1-4　学生自评表

班级:_____　　姓名:_____　　学号:_____

评价项目	评价标准	分值	得分
任务是否按计划时间完成	能够在课程中按时完成任务要求,超时不计分	10	
相关理论完成情况	能够掌握相关理论知识	20	
技能训练情况	能够与组内成员配合完成技能练习	20	
任务完成情况	能够完成组长分配的工作	20	
任务创新情况	能够在过程中不断完善和创新	10	
材料上交情况	能够准时提交相关任务材料	10	
收获		10	
合计		100	

2. 组内成员分别扮演坐席员和客户，抽签一对一配对进行外呼练习，扮演客户的同学对坐席员的表现进行评价，将互评结果填入表1-5中。

表1-5　小组互评表

坐席员：_____　　　客户：_____

评分项	评价标准	分值	得分
开场白	能主动问候客户，并清楚说明自己的身份和来意，询问客户是否愿意接听。上述3个环节每缺少一环，扣5分	15	
业务介绍	能够准确描述业务内容并解答客户提出的问题。如出现一次错误或口误，扣5分，出现3次以上不得分	20	
语言表达	语音亲切、语速适中、语调上扬，普通话标准，没有口头语。每个考核点5分，不满足不得分。3项以上不达标不得分	25	
礼貌用语	通话过程中最少有3次以上带姓氏称呼客户，提问应多用"请"字。需要客户等待或重复时应适时致歉。如缺少一个考核点扣5分	15	
正确核对并记录客户信息	快速、正确理解客户意图，核对客户的关键信息，准确记录在工单中。每个环节缺少一个扣5分。未正确完整的记录客户信息不得分	15	
结束语	正确使用结束语，耐心等待客户挂机。每个环节5分，不达标不得分	10	
合计		100	

3. 教师对学生工作过程与工作结果进行评价，并将结果填入表1-6中。

表1-6　教师评价表

学生姓名		组别		教师	
项目	评分项	分值	得分	点评	
开场白	主动问候客户	5			
	说明自己的身份和来意	5			
	询问客户是否愿意接听	5			
语音表达	普通话标准	5			
	表达流畅，没有口头语	5			
	语音亲切	5			
	语速适中	5			
	语调上扬	5			

（续）

项目	评分项	分值	得分	点评
礼貌用语	带姓氏称呼客户	5		
	提问使用"请"	5		
	需要客户等待或重复时应适时致歉	5		
信息核实	快速、正确理解客户意图	10		
	核对客户的关键信息	10		
	在工单上记录准确	10		
结束语	结束语完整	10		
	耐心等待客户挂机	5		
	合计	100		

- 请简述呼出业务的业务分类。
- 请简述呼出业务的一般业务流程。
- 请举例说明在执行外呼任务时应如何克服不利因素。

拓展学习

一、呼叫中心的特征

1. 无地域限制

传统服务行业一般都采用开店营业的方式，客户必须到营业网点才能得到相应的服务或办理业务。对于企业来说，一方面会带来较高的房租和运营成本，另一方面服务的客户会受到居住地的限制。而采用呼叫中心则解决了这两方面的问题，企业不用再考虑地理限制，远距离服务甚至跨国家、跨海岸的离岸交流和服务都可以通过通信网络实时进行。

2. 无时间限制

传统企业考虑员工的劳动力和经营场所的限制，一般的营业时间为8～12个小时；但在呼叫中心，可以借助于人员排班和自动语音应答设备，实现24小时全天候的服务。例如，一些民生机构、通信企业、救援企业、商旅服务企业都会为客户提供7×24小时的人工服务。

3．个性化服务

呼叫中心可为客户提供更好的，而且往往是普通营业网点提供不了的服务。

例如，在呼叫到来的同时，呼叫中心即可根据主叫号码或被叫号码提取出相关信息传送到坐席员的终端上，简化了电话处理的程序。另外，呼叫中心还可以收集并建立数据库，利用大数据分析及挖掘技术为企业经营提供更好的支撑，改善服务流程，为客户提供个性化的完整服务，这样便会带来竞争优势。

二、呼叫中心的业务分类

根据呼叫中心业务的不同，可以将呼叫中心分为以客户服务为主的呼叫中心和以电话销售为主的呼叫中心，以及以办理综合业务为主的呼叫中心。一个典型的以客户服务为主的呼叫中心可以兼具呼入与呼出功能，在处理顾客的信息查询、咨询、投诉等业务的同时，可以进行顾客回访、满意度调查等呼出业务。这种呼叫中心的首要目标是提供令客户满意的高质量服务。以电话销售为主的呼叫中心日益成为主导，这种呼叫中心的主要目标是增加企业营业额。无论是哪种呼叫中心，它们存在的主要原因就是它们可以帮助企业节省成本、增加利润。

1．呼出型电话销售

这种呼出业务是直接将呼叫中心从以成本为中心转换为以利润为中心的最佳方式。坐席员采用有效的营销方式和销售技巧向市场上的目标客户提供服务，并进行产品的推荐和销售，争取成功销售服务和产品，从而为企业带来盈利。其应用的行业主要包括：快速消费品销售、商品及服务销售、快速消费品的老客户销售、银行业务销售、网络排名销售、商家VIP卡销售、保险接续、互联网应用服务等。

2．电话调研

电话调研首先需要结合调研内容，通过客户关系数据库，按照一定的条件筛选合适的呼出对象；然后在选定的某个时段，通过合适的方式就调查内容（如消费者形态、产品使用选择）等进行定向调查；最终将获得的信息进行分析整理，为企业提供分析报告。其主要的应用行业包括：调研公司、媒体收视率调查、市场咨询调研分析机构、编辑部等。

3．电话回访

电话回访是指坐席员主动联系企业的已有客户或目标客户，对商品或客户满意度进行回访，完成后由指定部门针对收集到的信息进行分析整理，为公司提供关于客户需求与市场的宝贵信息。其应用行业主要包括：企业的服务推广、保险行业新险种的推广及面谈预约、电信业的新业务或增值业务推荐、数据库销售公司和市场调研公司的信息采集、经销商及代理商的服务回访等。

4．电话邀约

电话邀约服务是指坐席员联系目标客户，对服务或产品的会面时间进行预约，或邀请目标客户来参加公司的相关活动或会议，其最终目标是获得销售机会。需要注意的是，目前电话邀约服务也越来越多地应用于企业人力资源的电话邀约面试中。其应用行业主要包括：医药推广、保险、软件示范、银行投资理财服务等。

5．费用催缴服务

费用催缴服务是指通过坐席员联系客户，并催缴费用的服务。其应用行业主要包括：移动通信、银行、水、电、气、供暖等公用事业单位。

6．客户资料确认和数据库管理

客户资料确认和数据库管理服务是指坐席员主动联系目标客户对其资料进行确认或更新，并将更新后的客户信息保存到数据库中。其应用行业主要包括：网络服务公司、固定及移动电话服务商、保险公司、银行、物流配送公司、数据库营销公司、政府机构，以及水、电、气等公用事业单位。

三、呼出业务的一般流程

1．电话呼出前的准备工作

电话并不是提起就可以打的，那么在提起电话前到底应该做哪些准备工作呢？通过学习，了解到电话呼出前需要做的准备工作主要包括：

1）从公司系统或其他渠道获得客户信息，熟悉客户姓名以及相关信息。

2）熟悉相关的标准话术和常见问题回答（FAQ）技巧。

3）充分了解产品信息以及公司的相关政策，必要时还需要了解竞争对手的信息。

4）根据客户信息并结合项目标准话术进行相应调整与设计，其中包括描述打电话的原因（尽量与客户需求相关联）及本次交流的重要性。

5）事先准备好要提问的问题，并对客户的回答做出预先判断，设定好解答方案。

6）尽量多地准备客户可能需要的信息。

7）调整好自己的心态，做好被拒绝的准备。

2．了解呼出电话的一般操作流程

一般来说，呼出电话可以包括以下六个过程：

（1）做好开场白

好的开端是成功的一半。开场白是指呼出电话的前30秒左右的通话内容。在开场白中，首先要问候客户，然后介绍你所在公司的名称及你的姓名，要体现出饱满的热情，因为对于接听的客户来说，你给他的最初印象是很重要的，而且没有人会愿意与一个说话有气无力的陌生人进行沟通。开场白中还要询问和确认客户的称谓，以便在接下来的对话中使用。

● 例如

"您好！我是××公司的××，请问我可以与××先生讲话吗？"

"您好！我是××公司的××，请问我可以与负责××方面的负责人讲话吗？"

"您好，请问是××先生吗，我是××公司的××。"

（2）讲明来电原因

在表明来电原因时，尽量通过一段客户感兴趣的陈述引入主题。

● 例如

"今天打电话给您是想请您了解我们公司新推出的一种服务，可以帮助您节省您的差旅费用，不知现在是否方便向您介绍？"

（3）找出所需信息

当对方了解你的来电意图并愿意继续和你沟通之后，你要充分利用机会和时间来挖掘你需要的信息。一般而言，有效的提问可以帮助你发现对方的需求，并尽快找到问题的关键；例如，就准备好的调研问卷进行提问，就客户的有关需求进行提问，就客户的使用感受进行提问等。

● 例如

"请问您更注重电脑的性能还是外观呢？"

"请问您觉得我们的产品有哪些缺陷呢？"

"请问您觉得我们的服务质量如何？"

（4）克服不利因素

无论是和陌生客户还是和已有客户进行沟通，都可能会遇到种种不利的因素，如客户不配合、客户焦躁无礼、客户提出种种刁难的问题等，这个时候需要坐席员非常了解业务知识并掌握沟通技巧。制作和熟读常见问题回答（FAQ），可以帮助化解客户的异议。

（5）最后核实

无论与客户进行的是何种业务，如果时间允许，最好在结束之前对你们的电话谈话结果进行核实，这不仅有助于坐席员获得更准确的信息，还可以帮助客户再次认真思考自己的决定和想法。

● 例如

"我想与您确认一下订单，我们不希望出现任何差错。"

"我会在本周五派公司代表到贵公司与您当面签订订单。"

"这么说，您对我们的服务是比较满意的，对吗？"

"您投诉我们的产品是因为我们产品售后服务不好吗？"

（6）结束语

在挂断电话的时候，坐席员也要遵循一定话术，礼貌地挂断电话。

● 例如

"您是否还需要一些其他的服务呢？"

"我们会尽早将您需要的产品准备好。希望使用本产品能给您的工作带来便利。"

"谢谢您的合作，本次调研结束，祝您工作愉快！"

3. 电话呼出业务的话后工作

电话挂断之后，坐席员的工作并没有结束，接下来就进入了相应业务的事后处理工作阶段，如电话调研完成后，需要根据调研中客户的回答进行记录，信息核实完成后，需要将客户新的信息进行更正和保存。电话销售完成后需要完成工单内容填写，并保存到数据库中。呼出业务的一般工作流程如图1-1所示。

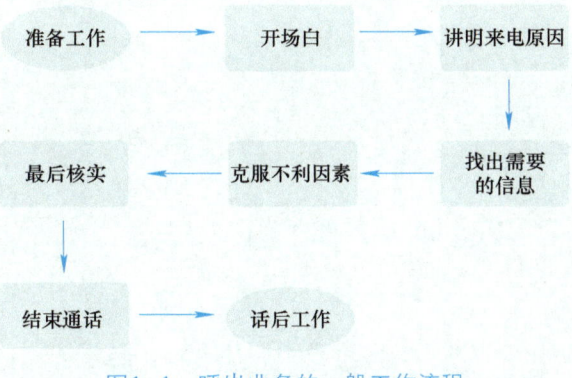

图1-1　呼出业务的一般工作流程

四、信息安全相关法律知识

由于信息泄露引发的电信诈骗层出不穷，呼叫中心行业也迎来信任"危机"。对此，我国于2017年正式施行《中华人民共和国网络安全法》，以保障网络安全，维护网络空间主权和国家安全、社会公共利益，保护公民、法人和其他组织的合法权益，促进经济社会信息化健康发展。

《中华人民共和国网络安全法》第四十四条规定：任何个人和组织不得窃取或者以其他非法方式获取个人信息，不得非法出售或者非法向他人提供个人信息。

2020年6月，《工业和信息化部关于加强呼叫中心业务管理的通知》发布，要求各省、自治区、直辖市通信管理局，中国电信集团有限公司、中国移动通信集团有限公司、中国联合网络通信集团有限公司，各呼叫中心业务经营者加强准入、码号、接入、经营行为管理，从讲政治的高度，坚决落实骚扰电话治理相关要求，有效遏制呼叫中心拨打骚扰电话扰民问题。

截至2023年5月底，全国增值电信业务经营许可企业共149089家（其中5804家企业同时持有工业和信息化部及省通信管理局颁发的增值电信业务经营许可），其中工业和信息化部许可的跨地区企业31624家，各省（区、市）通信管理局许可的本地企业合计123269家。

学习任务 ②

电信增值业务客户关怀

任务描述

通过岗前培训的你，接到第一个外呼任务，以客户关怀的形式，对客户进行活动告知并引导客户添加企业微信号。

本学习任务中，甲方提供了标准话术，要求坐席员按话术完成客户关怀外呼：以客户关怀告知促销活动为切入点，核对客户关键数据并引导客户添加企业微信群，为下一步的会员营销做好准备。

学习目标

- 掌握客户关怀业务的基本流程和电话礼仪。
- 掌握客户关怀业务的实施步骤及注意事项。
- 掌握信息核对和记录的方法。
- 提升坐席员的沟通能力和分析、解决问题的能力。
- 提升职业自信心与自豪感。

工作准备

- 理解话术要求，认真阅读任务背景。
- 熟知电话外呼所需要的声音表达、沟通技巧。
- 整理电商美妆类产品的常见问题。

呼叫中心呼出业务能力训练

获取信息

引导问题1：什么是客户关怀。

_____
_____
_____

引导问题2：请通过网络搜索，整理3种以上的客户关怀业务，填入表2-1。

表2-1　常见的客户关怀业务

企业名称	外呼目标客户	外呼内容

引导问题3：请阅读以下外呼背景，并通过网络整理产品资料，回答以下问题。

外呼项目介绍

外呼时间：5月15日~6月15日
品牌：××××　　　主打产品：淡纹修复系列
外呼内容：邀请客户添加企业微信号，免费领取价值270元的淡纹修复系列护肤礼包。
外呼客户群：××××旗舰店注册会员

Q1：××××淡纹修复系列的产品卖点是？
_____
_____

Q2：企业为什么要选择在此时进行客户关怀？
_____
_____

Q3：企业为什么要求客户添加企业微信号？

_____

_____

_____

小知识

什么是企业微信号

企业微信号是腾讯微信团队为企业打造的专业办公管理工具。与微信一致的沟通体验，丰富免费的OA应用，并与微信消息、小程序、微信支付等互通，助力企业高效办公和管理。3.0版陆续推出的客户联系、客户群、客户朋友圈等新功能，皆是在为企业更好地触达客户、沉淀客户关系提供有力帮助。企业微信号和个人微信账号最大的区别是：腾讯对于个人需求与企业需求的区分。

引导问题4：请熟读以下话术，并在话术的重点内容下标注横线。

客户关怀话术

坐席员：您好，我是您××××会员的专属客服，请问您是吕女士吗？

客　户：是的。

坐席员：吕女士您好，通过系统资料显示您之前曾在××××旗舰店注册为品牌会员，购买了××××淡纹修复精华护肤套装，请问您现在还在使用该品牌的产品吗？

客　户：嗯，还在用。

坐席员：××××淡纹帧颜霜专为东方女性肌肤研制，含抗老成分，加速胶原新生，延缓肌肤进入爆纹期，深入修护，焕活肌底。能够有效减缓肌底胶原蛋白流失，促进透明质酸生成，从源头延缓衰老。您一定要坚持使用，才能看到效果。

客　户：好的，使用起来质地还挺丝滑，用后脸滑滑的。

坐席员：是的，××××淡纹帧颜霜可以媲美千元级贵妇精华的体验感了。今天给您打电话也是想告知您，为了回馈会员客户，现在您通过微信添加企业微信，就可免费领取价值270元的××××淡纹修复系列护肤礼包。

客　户：这么好啊，那怎么领取呢？

坐席员：稍后我会下发一条短信，您点击短信中的链接即可添加企业微信号进行领取。吕女士，请问短信发送到您的手机15××××××99就可以吗？

客　户：是的。

坐席员：好的，感谢您的配合，那我就不打扰您了，稍后请您注意查收短信。

客　　户：好的，谢谢。

坐席员：不客气，感谢吕女士您的接听，祝您生活愉快！再见！

引导问题5：请总结外呼中的声音表达及沟通技巧。

_____
_____
_____
_____
_____
_____

任务实施

1．小组内每个组员熟读话术，组内进行一对一交叉练习，并在组内进行评价，填入表2-2。

表2-2　组员成果分析表

组员	存在缺陷的内容	改善后的内容

2．请结合组内评价结果改进话术，分组进行一对一话术练习，并由组长进行通关考核，将小组成员分组情况填入表2-3。

表2-3　小组成员分组表

分组	坐席员	客户
1		
2		
3		
4		
5		

3．小组组员间进行试讲，通过组内的评价，推选出本组的优秀坐席和优秀客户，组员试讲评价表见表2-4。

表2-4　组员试讲评价表

组别	优秀坐席	优秀客户

评价反馈

每个学生的成绩评定将按学生自评、小组互评、教师评价三阶段进行，并按学生自评占20%、小组互评占30%、教师评价占50%作为每个学生的综合评定结果。

1．学生进行自我评价，并将结果填入表2-5中。

表2-5　学生自评表

班级：_____　　姓名：_____　　学号：_____

评价项目	评价标准	分值	得分
任务是否按计划时间完成	能够在课程中按时完成任务要求，超时不计分	10	
相关理论完成情况	能够掌握相关理论知识	20	
技能训练情况	能够与组内成员配合完成技能练习	20	
任务完成情况	能够完成组长分配的工作	20	
任务创新情况	能够在过程中不断完善和创新	10	
材料上交情况	能够准时提交相关任务材料	10	
收获		10	
合计		100	

2．组内成员分别扮演坐席员和客户，通过抽签一对一搭配进行外呼练习，扮演客户的同学对坐席员的表现进行评价，将互评结果填入表2-6中。

表2-6　小组互评表

坐席员：_____　　客户：_____

评分项	评价标准	分值	得分
开场白	能主动问候客户，并清楚说明自己的身份和来意，询问客户是否愿意接听。上述3个环节每缺少一环，扣5分	15	
业务介绍	能够准确描述业务内容并解答客户提出的问题，如出现一次错误或口误，扣5分，出现3次以上不得分	20	

（续）

评分项	评价标准	分值	得分
语言表达	语音亲切、语速适中、语调上扬，普通话标准，没有口头语。每个考核点5分，不满足不得分。3项以上不达标不得分	25	
礼貌用语	通话过程中最少有3次以上带姓氏称呼客户，提问应多用"请"字。需要客户等待或重复时应适时致歉。如缺少一个考核点扣5分	15	
正确核对记录客户信息	快速、正确理解客户意图，核对客户的关键信息，准确记录在工单中。每个环节缺少一个扣5分。未正确完整的记录客户信息不得分	15	
结束语	正确使用结束语，耐心等待客户挂机。每个环节5分，不达标不得分	10	
合计		100	

3．教师对学生工作过程与工作结果进行评价，并将结果填入表2-7中。

表2-7 教师评价表

学生姓名		组别		教师	
项目	评分项	分值	得分	点评	
开场白	主动问候客户	5			
	说明自己的身份和来意	5			
	询问客户是否愿意接听	5			
语音表达	普通话标准	5			
	表达流畅，没有口头语	5			
	语音亲切	5			
	语速适中	5			
	语调上扬	5			
礼貌用语	带姓氏称呼客户	5			
	提问使用"请"	5			
	需要客户等待或重复时应适时致歉	5			
信息核实	快速、正确理解客户意图	10			
	核对客户的关键信息	10			
	在工单上记录准确	10			
结束语	结束语完整	10			
	耐心等待客户挂机	5			
合计		100			

- 请简述为什么要在业务办理前进行客户关怀。
- 请简述在外呼过程中的注意事项。
- 请举例说明姓氏的拆字技巧。

一、客户关怀的概念

客户关怀理念最早是由克拉特巴克提出的,他认为客户关怀是服务质量标准化的一种基本方式,它涵盖了公司经营的各个方面,从产品或服务设计到它如何包装、交付和服务。

客户关怀的目的是为了提高客户的忠诚度。客户忠诚度的提高能使客户对企业给予认可,同时与企业保持联系并且建立长期合作关系。提高了客户的忠诚度,客户也会自发对企业的产品进行口碑营销,让更多人了解、购买企业的产品。

在呼叫中心,客户关怀主要采取电话回访和电子邮件回访这两种方式。

二、客户关怀的方式

按销售周期看,客户关怀的方式主要有以下几种。

1)定期做客户关怀。这样可以让客户感觉到贵单位的诚信与责任。定期关怀的时间要有合理性,如以产品销售出一周、一个月、三个月、六个月等为时间段,进行定期的电话关怀。

2)提供了售后服务之后的客户关怀。这样可以让客户感觉到贵单位的专业化。特别是在回访时发现了问题,一定要及时给予解决方案,最好在当天或第二天到现场进行问题处理,以求在最大程度上降低用户不满意度。

3)节日客户关怀。这是指在平时的一些节日关怀客户,同时送上一些祝福的话语,以此加深与客户的联系。这样不仅可以起到拉近关系的作用,还可以让客户感觉到温暖。

4)促销活动前期的客户关怀。在重大的促销活动前,提前致电客户,了解客户当前产品使用情况,告知客户促销活动信息,让客户有一种被"重视"的心理。同时还可以借此客户关怀机会,对客户的信息进行核对和完善。

三、客户关怀的特征

客户关怀的主要特征包括针对性、体贴性、精细化。

1）通过客户行为了解客户需求。客户需求不仅是简单地询问客户就可以得到的，企业必须在日常工作中注意观察客户的行为，主动了解客户，识别客户的真实需求。

2）客户关怀必须长期进行，并且不断更新。客户关怀不是市场活动，不是一段时间内的短期行为。

3）客户关怀不是营销。客户关怀并不是追求客户购买一件产品或一种服务，而是首先追求客户尽可能长时间留下来。在此基础上，通过提升客户的整个生命周期价值来获益。

四、客户关怀的作用

1. 提高客户忠诚度

客户关怀能够有效提高顾客消费体验，具体体现在以下方面：

1）高度满意的客户会更长久地忠实于企业。

2）客户会主动尝试企业更多的新产品或购买价值更高的产品。

3）客户为企业及其产品说好话，形成良性口碑。

4）客户忽视竞争品牌及其广告，并对价格变化反应平淡。

5）由于更加熟悉交易流程而降低服务成本。

2. 延长客户生命周期

一个客户对企业而言，有着类似生命一样的诞生、成长、成熟、衰老、死亡的过程，这个过程就是客户生命周期。成长、成熟和衰老这三个阶段往往伴随消费，尤其是成熟期，是客户消费的黄金时期。有效延长客户生命周期将提高客单价，从而提高总盈利。

3. 改进产品

忠实的客户是最好的"产品设计师"，客户通过使用产品，会发现产品不好用、不方便的地方。客户关怀为企业建立了聆听建议的渠道，让企业发现改进的空间，设计出更符合客户要求、更有市场的产品。

4. 口碑传播

口碑传播也可以称为品牌效应。当产品或服务超出了客户的期望，他们会习惯性地向周围的朋友分享，客户通常更相信熟人传递的产品信息，成交率也更高。

五、实施客户关怀的注意事项

进行客户关怀时，应注意以下方面：

1）首先要调整好情绪，声音听上去应尽可能友好、自然，这样有助于快速取得客户的信任,使其能和你坦率地说话。

2)使用推荐的介绍,对客户进行正面引导、提醒,让他们感受到公司的专业性。

3)要给那些没有准备的客户时间,以便他们能记住细节。语速不应太快,不应给客户留下"匆忙"的印象。

4)一定要让客户把要说的话说完,不要打断他,并对他说的话作简要而又清楚的记录。不说批评的话语。

5)如果顾客抱怨,不要找借口,只要对客户解释说:你已经记下了他的话;如果客户乐意,要确保我们的顾问会再打电话给他。客户的问题解决后,要在第一时间及时回访客户,告知处理结果,表示对问题的重视。

六、外呼服务过程中的声音表达技巧

在通话中,如果坐席员的声音清晰、悦耳、甜美、有磁性,并且吐字清晰,就会给客户留下好印象,客户对其所在的公司也会留有良好的印象。请牢记以下声音表达的基本要求和技巧。

1)咬字要清晰:发音标准,字正腔圆,没有乡音或杂音。

2)音量要恰当:说话音量既不能太响,也不能太轻,以客户感知度为准。

3)音色要甜美:声音要富有磁性和吸引力,让人喜欢听。

4)语调要柔和:说话时语气、语调要柔和,恰当把握轻重缓急、抑扬顿挫。

5)语速要适中:语速应以让客户听得清楚你在说什么并能理解为宜。

6)停连要达意:沟通过程中要合理的停连,以达到正确表达语义以及强调重点的目的。

7)用语要规范:准确使用服务规范用语,例如,请、谢谢、很抱歉等。

8)感情要亲切:态度亲切,多从客户的角度考虑问题,让他感到你是真诚为他服务的。

9)心态(语气)要平和:无论客户的态度怎样,坐席员始终要控制好情绪,保持平和的心态。

学习任务 ③

家电维修客户投诉回访

任务描述

作为公司售后服务投诉平台工作人员的你,之前接到了一通投诉电话,客户针对自己2021年12月购入的手机质量问题进行了投诉,现在需要你对客户进行一次电话回访。

本学习任务要求坐席员按话术要求对投诉客户进行电话回访;在回访过程中认真聆听客户的不满,适时提问并准确地解答客户的问题,平息客户的抱怨,向客户提出合理解决所投诉问题的方法,询问客户对解决方案是否满意,并请求客户对服务进行评价,维护好与客户的关系,保证售后服务的质量,提高客户对企业的满意度,维护好公司的形象和利益。

学习目标

- 了解呼叫中心企业中不同类型的电话回访业务。
- 能够熟练掌握处理客户投诉回访的内容。
- 能够设计客户投诉电话回访的调查问卷。
- 能够为客户投诉的问题提出合理的解决方案,并询问客户对解决方案是否满意。
- 认真记录客户投诉问题及解决方案,在适当的时间再次回访客户,了解客户对解决方案的满意度,以提高客户对企业的满意度。
- 提升坐席员的聆听能力、沟通能力、分析问题和解决问题的能力。
- 提升坐席员的职业认同感与自信心。

工作准备

- 理解任务要求，认真阅读分析项目背景。
- 收集国家职业技能标准和职业技能鉴定中心有关电话回访业务与客户投诉处理的知识。
- 分析整理客户投诉回访的难点和常见问题。

获取信息

外呼背景

客户：张先生　　电话：136××××××××　　投诉时间：2022年1月

投诉事件：2021年12月，客户在××手机专营店购买了一部手机。客户反映手机质量不行，经常在通话中出现掉话、听不到声音、声音不清晰等问题，要求全额退款。

任务要求

1）按照任务背景对客户进行电话回访。

2）认真聆听，通过询问的方式了解客户投诉的心理诉求，平复客户的抱怨情绪。

3）提出解决方案，采取有效措施解决客户投诉的问题。

引导问题1：什么是电话回访业务？电话回访业务对于呼叫中心企业有什么意义？

_____

_____

_____

引导问题2：请查阅呼叫中心企业电话回访业务相关信息，整理电话回访业务的不同类型和目的，并填入表3-1中。

表3-1　电话回访业务的类型及目的

电话回访类型	回访目的

学习任务3 家电维修客户投诉回访

引导问题3：请根据以上信息，总结出对投诉客户进行电话回访时需要回访的内容。

_____

_____

_____

引导问题4：如何通过电话回访减少客户流失？请将电话回访的次数、最佳时间及回访目标填入表3-2中。

表3-2 客户电话回访时间表

次数	最佳时间	回访目标

●●● 小提示

　　无论是电话回访人员还是电话销售人员，填写电话回访时间表都是很有必要的。在交易完成的第一个月，一定要进行三次电话回访，因为这决定了客户对你以后工作的态度，如果你只是在交易很久之后才打电话，那么无论你表现得多么热情、真诚，客户也不会感动。

引导问题5：什么是客户投诉？

_____

_____

_____

引导问题6：怎样看待客户投诉？

_____

_____

_____

任务实施

1. 组织团队按照表3-3所示样例设计家电维修客户满意度电话回访问卷。

表3-3　客户满意度电话回访问卷样例

客户资料			
客户姓名		购买产品种类	
联系电话		电子邮件地址	
联系地址			
调查内容					
产品质量和价格方面					
产品功能	□非常满意	□满意	□一般	□不满意	□非常不满意
产品稳定性、兼容性	□非常满意	□满意	□一般	□不满意	□非常不满意
产品外观造型	□非常满意	□满意	□一般	□不满意	□非常不满意
产品价格	□非常满意	□满意	□一般	□不满意	□非常不满意
服务方面					
1. 售后服务					
产品的交期	□非常满意	□满意	□一般	□不满意	□非常不满意
订单的交期	□非常满意	□满意	□一般	□不满意	□非常不满意
业务人员服务态度	□非常满意	□满意	□一般	□不满意	□非常不满意
业务人员责任心	□非常满意	□满意	□一般	□不满意	□非常不满意
业务人员专业知识	□非常满意	□满意	□一般	□不满意	□非常不满意
货品运输方式	□非常满意	□满意	□一般	□不满意	□非常不满意
2. 公司对渠道的支持					
广告投放	□非常满意	□满意	□一般	□不满意	□非常不满意
人员培训	□非常满意	□满意	□一般	□不满意	□非常不满意
解决问题回复的及时性	□非常满意	□满意	□一般	□不满意	□非常不满意
客户反馈及时性	□非常满意	□满意	□一般	□不满意	□非常不满意
3. 维修服务					
产品出现问题后的处理流程	□非常满意	□满意	□一般	□不满意	□非常不满意
维修产品的修复质量	□非常满意	□满意	□一般	□不满意	□非常不满意
维修产品的返回速度	□非常满意	□满意	□一般	□不满意	□非常不满意
更换新品的速度	□非常满意	□满意	□一般	□不满意	□非常不满意
维修工程师的服务态度	□非常满意	□满意	□一般	□不满意	□非常不满意
对产品、服务的意见或建议					

2. 设计完成任务的电话回访话术，按角色进行演练。

客服：张先生您好，这里是××××售后客服中心，我是21号坐席员。您之前在我们这里购买了一部手机，并就手机质量问题进行过投诉，您能否将详细情况给我说一下？（道歉，倾听，了解客户投诉的原因。）

学习任务3　家电维修客户投诉回访

客户：你们这个手机质量不行，经常通话中出现掉话、听不到声音、声音不清晰的问题，你们要给全额退款。

客服：张先生，对于您遇到的情况我感到很抱歉（请求客户的谅解，平息客户的抱怨），但是我们也接到其他客户的反馈出现过此类问题，但很多情况下并不是手机本身的问题，信号的强度也会影响使用。

客户：在同一区域，为什么别人的手机有信号，我的手机没有信号啊？这还不能说明是你们手机的问题吗？

客服：张先生，我理解您的意思，您若确定不是网络问题，是手机问题，您可以把手机送到××××售后中心店进行检测，我们的服务人员会给您一个满意的答复，好吗？（认同客户的感受，并提出合理建议。）

客户：什么答复，我坚持要退货。

客服：张先生，在没有确定手机质量问题之前，很抱歉我不能给您一个能退货的保障。若检测是我们手机的问题，我们会全额退款。建议您先去售后看看。（再次提出合理建议。）

客户：你们售后中心店在哪？

客服：实验小学旁××××专营店。

客户：好的，我去检测下。

客服：感谢您的来电，再见！

问题解决后，坐席员再次向张先生进行电话回访，请完成回访话术。

客服：张先生您好，这里是××××售后客服中心，我是21号坐席员，您之前拨打了我们的400××××××××热线投诉手机质量的问题，我想对您做一个简单的回访。能占用您两分钟时间吗？（如果能继续访问，如果不能则询问何时有时间再打过来。）

客户：可以。

客服：请您对处理投诉的客服代表进行评价。

客户：_____

客服：请您对产品质量进行评价。

客户：_____

客服：请您对售后中心工作人员的服务态度进行评价。

客户：_____

客服：请问您对我们的产品和服务还有什么建议吗？

客户：_____

客服：感谢您的评价，如果您以后还有什么问题或建议，可以随时拨打我们的服务热线400×××××××，我们会为您提供服务。最后，对您的支持表示感谢，祝您工作愉快，再见！

3．小组内熟读话术，组内成员一对一进行练习，并在组内进行评价，将结果填入表3-4。

表3-4　组员成果分析表

组员	存在缺陷的内容	改善后内容

4．结合组内的评价结果修正话术，并进行组内一对一话术演练，由组长及其他组员进行考核，将结果填入表3-5中。

表3-5　小组成员评价表

分组	坐席员	客户	评价得分
1			
2			
3			
4			

每个学生的成绩评定将按学生自评、小组互评、教师评价三阶段进行，并按学生自评占20%、小组互评占30%、教师评价占50%作为每个学生的综合评定结果。

1．学生进行自我评价，并将结果填入表3-6中。

表3-6　学生自评表

评价项目	评价标准	分值	得分
任务是否按计划时间完成	能够在课程中按时完成任务要求，超时不计分	10	
相关理论完成情况	能够掌握相关理论知识	20	
技能训练情况	能够与组内成员配合完成技能练习	20	
任务完成情况	能够完成组长分配的工作	20	
任务创新情况	能够在过程中不断完善和创新	10	
材料上交情况	能够准时提交相关任务材料	10	
收获		10	
合计		100	

2．组内成员分别扮演坐席员和客户，抽签一对一配对进行演练，扮演客户的同学对坐席员的表现进行评价，将互评结果填入表3-7中。

表3-7　小组互评表

评分项	分值	组员1	组员2	组员3	组员4	组员5
向客户道歉	20					
化解客户情绪	20					
规范服务用语	20					
对产品了解	10					
有效倾听及同理心运用	10					
解决方案	10					
礼貌地结束谈话	10					
合计	100					

3．教师对学生工作过程与工作结果进行评价，并将结果填入表3-8中。

表3-8　教师评价表

评价内容	评分标准	权重	总分值
投诉处理	专业化语言表达	2	15
	能够正确掌握呼出业务流程	2	
	能够正确设计回访问题，并填写在工单中	5	
	具备良好的服务意识，及时化解客户情绪	3	
	正确记录客户反馈内容	3	

- 请简述处理客户投诉的常用方法。

- 请举例说明提升客户满意度的方法。
- 请简述处理客户投诉的流程。

拓展学习

一、电话回访业务

电话回访业务是呼叫中心最主要的呼出业务之一，该业务的对象往往是公司已有客户或公司的一些准客户。电话回访业务的目的在于维护已有的客户关系，了解客户对产品或服务的使用体会及建议，解决客户在使用产品时遇到的问题，或者了解客户在体验产品后的感受以及是否有购买的意向等，以便将来更好地更新产品并拓展市场领域。在电话回访业务中，最常见的业务是企业的客户满意度调查业务。

1. 了解电话回访业务的含义及意义

电话回访是指通过电话对已有客户或对产品有兴趣的准客户进行回访，以便搜集客户对相关产品和服务的反馈信息，或掌握客户的购买需求，从而提高客户满意度或促进产品的销售。

电话回访作为服务和销售功能兼得的业务，取得了飞快的发展。电话回访具有如下作用：

（1）准确掌握每一个客户的基本情况和动态

对于新客户，可以通过电话回访来了解其未来的购买意向。例如，最近是否有新的采购计划，多久打算更换新产品，未来是否会购买本品牌产品等。

（2）促进相互间的信任关系

对于老客户，经常电话回访有利于促进相互间的信任关系。例如，在节日的时候给客户打电话进行问候，询问客户对产品使用是否满意，有没有什么需要帮助的地方，当公司有新产品发布的时候要及时通知客户。

（3）了解客户需求，便于为客户提供更多、更优质的增值服务，促进销售

通过电话回访询问客户最近有没有采购的需求，什么时候有需求，有多少需求，从而进一步促进产品的销售。

（4）发现自身存在的不足，及时改进提高

在电话回访中，可以对客户进行满意度调查，客户如果有不满意的地方，可以询问原因，找到产品或者服务的问题所在。同时还可以聆听客户的意见，或者询问客户对产品或者服务有没有新的需求。通过回访信息的收集，可以发现很多自己不能发现的问题，得到很多自己无法想到的方案。

（5）找出客户流失的原因，通过电话回访等挽留方法，激活休眠客户

有时候，客户不再购买某种产品并不是因为这种产品不好，而是因为同种类型的产品品牌太多。对于那些不再购买本品牌产品，转而购买其他品牌产品的客户，可以通过电话回访再次唤醒客户对本品牌的记忆，通过优质服务来弥补客户之前的不满，从而重新找回流失客户。同时，对于那些长久没有购买产品的客户，通过电话回访可重新挖掘其需求，使其再次进行购买。

（6）提高客户满意度

对于企业来说，客户满意度意味着企业的质量的好坏。一个拥有良好客户满意度的企业，消费者才会觉得放心，才能信任并选择企业。电话回访业务不仅可以进行客户满意度调查，还可以通过满意度调查和产品使用调查来获得更多的改进产品和服务的机会，从而又反过来促进客户满意度的提升。

2．了解电话业务的不同类型

针对不同的客户和不同的目的，电话回访可以划分为如下四种类型：

（1）咨询客户的回访

咨询客户是指曾经主动对公司的产品或者服务表示过兴趣的准客户，这些准客户一般对公司的产品或者服务有一些基本的了解，但是还想进一步地了解相关信息，因此打电话或者亲自拜访进行咨询。对于这些客户的回访，主要的回访内容是：

1）询问客户对客户服务代表的服务态度、专业技能以及公司服务管理的满意度。

2）在客户回访中了解尚未签约（购买）的原因是什么，如：对于公司的实力、信用尚未确定，产品有问题，对于客户服务代表的服务或者专业知识不认可，尚有其他疑问而没有决定购买或者签约。

3）如果客户还没有购买竞争对手的产品，则应该挖掘客户的需求，向其推荐适合的产品。

（2）签约客户的电话回访

签约客户是指和企业已经有了买卖关系或者曾经购买过企业产品及服务的客户，针对这些客户的电话回访进行客户满意度调查，主要内容为：

1）询问客户对公司服务管理的满意度，并对整体服务进行满意度调查。

2）询问客户对客户服务代表的服务态度、专业知识技能的满意度。

3）询问客户产品使用的相关信息，是否对产品满意。

4）询问客户对售后服务是否满意。

5）了解客户是否还有其他的服务需求、投诉和建议。

（3）投诉客户的电话回访

投诉客户是指购买产品或服务后对产品或者服务主动表示不满的客户。在客户初次打来电话进行投诉之后，客户服务代表一般需要将投诉的问题记录下来反馈到相关部门，等相关部门进行处理或者回复投诉处理建议之后再打电话进行回访。针对这些客户的电话回访内容主要有：

1）请求客户的谅解。

2）询问客户的投诉是否已经解决。

3）告知客户解决的方案。

4）询问客户对解决方案是否满意。

5）请求客户对客户服务代表的服务进行评价。

（4）流失客户的电话回访

流失客户是指因为某种原因长久不再购买公司产品或者服务，转而购买其他品牌的产品和服务的客户。一般情况下，对已流失或预流失客户，应该找原因后加以改进，但更重要的不是事后的"亡羊补牢"，而是通过电话回访询问客户对使用的产品和服务有什么意见，要表示会尽量为客户解决问题，可以再向客户推荐其他适合的产品或者服务，诚恳邀约客户有时间到公司进行沟通，让流失的客户重新回来。

要想做好电话回访业务，首先必须要对电话回访业务有所了解，最重要的是了解电话回访的不同种类和目的。

3. 了解电话回访的最佳时间

客户电话回访是有最佳时间的，特别是在客户购买产品后，就要制定自己的电话回访计划。那么如何电话回访可以使客户尽量少地流失呢？回忆一下电话销售中客户关系的维护的有关内容。客户电话回访时间表见表3-9。

表3-9 客户电话回访时间表

次数	最佳时间	回访目标	具体事例
1	合作后第一天	1. 主动询问客户产品是否按时到达，在质量、包装方面是否满意 2. 让客户感到合作者的关心	"张先生，您定的产品昨天已发出，您收到了吗？有没有什么问题？"
2	合作后一周	1. 看客户在使用过程中有什么问题，以便及时帮助客户解决 2. 如果有应收账款，也可提醒客户付款或约定付款时间 3. 询问客户还需要改进的地方	"李女士，这个按摩器您用着怎么样啊？" "袁总，您别忘了提醒财务把款给结了。"

（续）

次数	最佳时间	回访目标	具体事例
3	合作后一个月	再次征求客户对产品及对你的服务的看法，找到机会请求客户推荐其他客户，寻求再次合作的机会	"您认为我们的服务还有哪些需要改进的？" "您如果觉得满意，千万别忘了帮我们推荐其他客户啊！"
4~N	适当的时间	与客户保持联系，以期多次合作，方式可以为电话、邮件、短信等	"春节要到了，我提前给您拜年了，祝您新春快乐，身体健康，生意更兴隆！"

无论是电话回访人员还是电话销售人员，这个电话回访时间表都是很重要的。一定要记住在交易完成的第一个月进行三次电话回访，因为这决定了客户对你以后的态度，如果你在交易很久之后才打电话，无论表现得多么热情、真诚，客户也不会感动的。

4．电话回访的注意事项

1）调整好情绪，声音听上去应该尽可能自然、友好，以便能很快取得客户的信任，客户能和你坦率地交流，从而尽快成功完成回访。

2）客户回访时的第一句话，就应向客户直接说明回访的事由和大致需要的时间，让受访客户在第一时间就能了解回访的目的。

3）要给那些没有准备的客户时间，以便他们能记起细节。说话不应太快，不应让客户感觉你匆匆忙忙的。

4）电话回访客户时要目的明确，不要期望一次获得所有的信息。不要期望在一次通话中，既要收集客户反馈、推广企业形象，又要采集客户信息，甚至进行营销推广。过多的目的只会造成回访失败。

5）一定要让客户把话说完，不要打断他。对他说的话作清晰、简要的记录。不要在你觉得客户说得不对的时候说批评的话语，对客户的评述与表扬也作记录。

6）如果客户抱怨，不要首先想着找借口。只要对客户解释说：你已经记下了他的话，如果客户乐意，会确保顾问或者客服代表会再打电话给他。客户的问题解决后，要在第一时间再次回访客户，告知处理结果，表示对问题的重视。

7）如果需要在一次回访中完成两个以上的目标，就需要认真考虑话务脚本的顺序。不同的顺序有可能会带来完全不同的效果。

二、客户投诉

（一）正确认识客户投诉

工作中收到投诉，说明客户在关心产品和服务，希望提高产品和服务的质量。在投诉中，也会暴露出企业的弱点和亟待改进的方面，也为企业提供了表明自己高度重视客户的机会。积极鼓励客户投诉，让每一位客户都知道并记住专职投诉电话（或服务监督电话）、网络邮箱与通信地址。对于在投诉中暴露出的工作的严重不足，或对工作改进有很好建议的客户，要给予适当的奖励。客户都希望自己的投诉能够得到迅速、积极的答复，按照工作流程，不管投诉问题有无解决，都要尽快给客户以明确的投诉答复。

回复投诉往往是把双刃剑，处理得好，可以挽留客户，甚至可以增加客户的忠诚度和企业的美誉度；但处理得不好，在失去客户的同时也将失去良好的形象和声望。投诉往往暴露呼叫中心在运营、管理中的一些缺点，是发现自身问题、挖掘客户需求的好时机。妥善处理投诉，不仅是呼叫中心的职责，更是呼叫中心的机会。

（二）分析客户投诉的原因

1. 客户对企业产品或服务质量不满

企业提供的产品或服务没有达到质量标准、品种不齐全、功能欠缺、给客户提供了错误的信息或者没有按照客户的要求提供产品或服务等，都可能引发客户不满，进而导致投诉。大多数客户投诉都是质量原因引起的。尽管客户能够理解商品不可能完美无缺或满足每个人的需求，但是他们还是会因为这个原因投诉。

2. 客户对客服代表的服务不满

客服代表采取的方式、态度不当或因业务能力不足等引发的客户投诉。具体表现如下：

1）呼叫中心客服代表服务方式或服务态度欠佳。如客服代表缺乏沟通能力，没有热情的服务态度及礼貌用语，说话不够婉转，口气生硬；客服代表不顾客户的需求和爱好，一味地介绍产品或服务，引起客户的反感；客服代表对客户的承诺没有兑现，且找出种种原因搪塞客户；客服代表接听电话时与周围同事交谈或继续处理手中其他事务，对客户诉求内容没有认真倾听，与客户沟通太随意使客户感觉不被尊重和重视，在心理上产生逆反情绪；当客户提出异议或相反意见时，不能虚心接受、耐心解释，而是草草结束、挂断电话；发现或感觉客户不是目标客户后，语气立刻变得冷淡，甚至带有蔑视、歧视的语气；当客户说出产品在使用过程中出现的某些问题时，客服代表认为根本不可能，使客户感觉不被认可和信任；客服代表对工作互相推诿、推卸责任，甚至相互攻击，使企业的声誉受损并引起客户的不满。

2）呼叫中心客服代表业务能力不足。如客服代表对产品的有关知识或特性不熟悉，无法应对客户的询问，无法消除客户的疑虑，甚至因办理业务出错给客户带来损失。

3. 客户自己的原因

客户自己的原因造成的投拆包括客户期望值过高，对企业的产品或服务缺乏了解并产生误会，产品使用不当，以及过度维权，甚至无聊骚扰等情况引发的客户投诉。客服代表对于这样的投诉应该表现大度，尽可能耐心一点，向客户进行解释并帮助客户解决实际问题，这样非常有利于增强客户的忠诚度。

(三）处理客户投诉应遵循的原则

客服代表每天要处理大量不同的投诉，不可能有一套"万能"的处理方法，而是要根据投诉情形随机应变，并在处理过程中遵循以下四个原则：客户理念是前提、迅速处理是根本、换位思考是关键、优质服务有底线。

1．客户理念是前提

客服代表对客户投诉的行为应给予充分的肯定，并尽可能满足客户的要求。从企业长远发展来看，"客户永远是对的"这一理念并不是对客服代表的苛求。

2．迅速处理是根本

不管客户投诉的原因是什么，处理人员能够及时帮助客户找办法解决问题，一定程度上能够缓解客户愤怒的情绪。处理人员要及时地响应客户提出的投诉问题，并且根据自己的专业判断，给客户建设性的解决方案，尽量亲自为客户解决问题，马上行动并告知对方最后期限。

3．换位思考是关键

在投诉处理的过程中，要学会换位思考，换位思考客户投诉的原因、目的等。只有站在客户的立场上将心比心，对客户的投诉进行实事求是的判断，真正地了解客户的情绪，不加入个人情绪和好恶，才能获取客户的信任。同时，也要适当引导客户站在我们的角度替我们着想，包括自己的工作职责、处理的权限等，以便共同协商处理问题，最终达成一致。

4．优质服务有底线

在投诉处理的过程中，客户会提出各种各样的要求，处理人员在尽量确保客户满意的情况下，也要保持服务的底线。对于投诉的客户提出的合理要求，在权限范围内能够处理得了的，就尽快处理，如果超出自己的权限范围，也要立即上报，告诉客户处理事情的期限，让客户满意而归。对于客户提出来的不合理要求，客服代表既要保持良好的风度，又要有严正的态度，让客户同时了解企业的处理原则和责任范围，尽量通过自己专业的引导，让客户放弃不合理要求。

学习任务 ④

快消品消费者电话调研

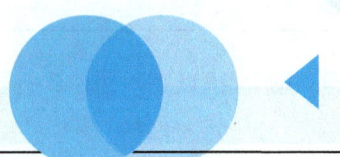

任务描述

完成前面的学习任务后,公司把你安排到了一个快消品公司的电话调研项目组。为了实时掌握市场需求以及客户服务体验,需坚持月度客户服务满意度调查,力争为客户打造最优的体验与服务,成为客户首选的品牌目标。请结合业务需要编写调查问卷,并完成一次有效的电话调研。

本学习任务要求通过完成电话调研任务,能够掌握电话调研的流程,学会编写话术;掌握良好的服务意识,与客户有效沟通。

学习目标

- 了解电话调研的目的。
- 掌握电话调研问卷的基本结构和设计步骤。
- 掌握电话调研问卷的编写方法。
- 能够树立正确的人生观、价值观、世界观,践行社会主义核心价值观。

工作准备

- 理解任务要求,能够列举快消品行业类目。
- 收集国家职业技能标准中有关呼出业务的部分知识。
- 分析电话调研过程中的难点和常见问题。

获取信息

引导问题1：请查阅网络信息，整理快消品类目与具体内容，填入表4-1中。

表4-1　快消品类目表

类目	内容

引导问题2：结合项目背景，对电话调研目标和内容进行分析，填入表4-2中。

表4-2　电话调研分析

目标	内容

● ● ● 小提示

　　电话调研，是指市场调研相关工作人员通过电话向被调查者进行问询，了解市场情况的一种调研方法。电话调研工作通常是针对整个行业市场上的消费者的，无论是否是自己企业的客户，都可以成为调研的对象，目的在于了解市场需求，从而为进一步开拓市场提供依据。电话调研具有速度快、成本低、调查对象定位精准、覆盖面广、被访者容易说出真实感受等优点。

引导问题3：查阅资料、浏览相关网页，总结电话调研的流程。

准备工作：_____
_____
_____
_____

通话中：_____
_____
_____
_____

通话结束：_____
_____
_____
_____

●●● 小提示

电话调研沟通技巧

一、喜悦的心情

二、重要的第一声

三、端正的姿态与清晰明朗的声音

四、清楚记录

五、礼貌道别

引导问题4：问卷调查前的准备工作。

_____
_____
_____
_____

引导问题5： 电话调研过程中的注意事项。

_____
_____
_____
_____

任务实施

1. 组织团队并进行小组分工，将小组工作计划填入表4-3中。

表4-3 小组工作计划表

班级		组别		指导老师	
组长		学号			
组员分工	姓名	学号		分工	

2. 小组内讨论每个组员的工作成果（问卷），分析优势，综合每位同学的亮点，确定小组的最终展示作品，将组员成果分析填入表4-4中。

表4-4 组员成果分析表

组员	存在缺陷的内容	改善后的内容

3．小组组员进行组内商议及评价，将结果填入表4-5中，并推选出本组的最终代表。

表4-5　组员评价表

评分项	分值	组员1	组员2	组员3	组员4	组员5
目标明确	20					
内容合理	20					
范围全面	20					
符合逻辑	20					
无不当词语和问题	10					
流程完整	10					
合计	100					

● ● ● 小提示

问卷设计原则

首先，问卷题目数量不宜过多，一般应控制在10道题目以内。因为电话调查无法确定访谈者所处的空间、情境、繁忙程度且被拒绝机率较高，故在设计题目时应遵循简明扼要、言简意赅、速战速决的策略，访谈时间宜控制在5分钟以内，并且重要且紧急的题目应尽量排在前面。

其次，问卷题型设计宜采用结构化题目和封闭性提问方式为主，开放性问题为辅。因为大多数接受访谈的顾客很难在短暂的时间内作深度思考，故题目设计应尽量以结构化题目为主。

最后，问题描述宜口语化，避免书面语、专业术语过多。

4．以附件的形式将最终版的问卷提交给老师，并在下方写出完整话术。

_____

_____

_____

_____

每个学生的评定将按学生自评、小组互评、教师评价三阶段进行，并按自评占20%。小

组互评占30%、教师评价占50%作为每个学生的综合评定结果。

评价结果分别填入表4-6～表4-8中。

表4-6　学生自评表

评价项目	评价标准	分值	得分
任务是否按计划时间完成	能够在课程中按时完成任务要求，超时不计分	10	
相关理论完成情况	能够掌握相关理论知识	20	
技能训练情况	能够与组内成员配合完成技能练习	20	
任务完成情况	能够完成组长分配的工作	20	
任务创新情况	能够在过程中不断完善和创新	10	
材料上交情况	能够准时提交相关任务材料	10	
收获		10	
合计		100	

表4-7　小组互评表

评分项	分值	组员1	组员2	组员3	组员4	组员5
目标明确	20					
范围全面	20					
逻辑清晰	20					
流程完整	10					
顺序合理	10					
仪表大方	10					
举止得当	10					
合计	100					

表4-8　教师评价表

评价内容	评分标准	权重	总分值
投诉处理	专业化语言表达	2	15
	能够正确掌握呼出业务流程	2	
	能够正确设计回访问题，并填写在工单中	5	
	具备良好的服务意识，及时化解客户情绪	3	
	正确记录客户反馈内容	3	

- 请简述如何与客户实现有效沟通。
- 请简述电话调研问题的主要类型及询问方式。

一、快消品的定义和分类

快速消费品是指使用寿命较短，消费速度较快的消费品。主要分类包括：

1）个人护理品行业，由口腔护理品、护发品、个人清洁品、化妆品、纸巾、鞋护理品和剃须用品等行业组成。

2）家庭护理品行业，由以洗衣皂和合成清洁剂为主的织物清洁品，以及以盘碟器皿清洁剂、地板清洁剂、洁厕剂、空气清新剂、杀虫剂、驱蚊器和磨光剂为主的家庭清洁剂等行业组成。

3）食品饮料品牌包装行业，由蔬菜水果、粮油米面、肉类、奶制品、调味品、饮料、酒水、食品添加剂等行业组成。

4）烟酒行业。

二、电话调研的目的

随着企业对市场调研重视度的提高，以及越来越多的咨询调研公司的成立，电话调研业务在呼叫中心已成为典型的呼出业务，被广泛应用于各个企业的市场调研中。

电话调研工作通常是针对整个行业市场上的消费者的，无论是否是自己企业的客户，都可以成为调研的对象，目的在于了解市场需求，从而为进一步开拓市场提供依据。

三、电话调研的步骤

1. 准备工作

首先，确定好自己想通过这次调研了解什么情况、达到什么目的。一次调研可以集中于一个或少量主题，也可以覆盖多个主题。涵盖主题的范围取决于调查的目的，根据需求进行选择。例如是想通过全面调查从而发现需求集中点，还是想继续延续并深化现有的服务。

2. 开场白

一般来说，接通电话后的20秒是至关重要的。其中要包括以下几方面。

1）自报家门，介绍自己和公司。

2）声明来电目的。

3）了解客户需求。

3. 提问并记录答案

针对调研目的，罗列出调研的提纲，确保单个电话调研的时间不超过5分钟，每个用户单独进行记录。

4. 处理异议或拒绝

1）正视客户异议产生的原因。

2）以平常心对待客户异议。

3）放松情绪，笑脸相迎。

4）认真倾听。

5. 感谢客户，挂断电话

电话交流达到目的时，应尽量让对方结束通话。但始终要让对方感觉到：你接到他的电话很高兴，你非常喜欢与他交谈。

6. 整理结论

将所有的答案汇总到一起，依据所列的问题，做基本的数据统计。

四、电话调研的技巧

1. 抓住客户的心

1）摸透对方的心理，是与人沟通的良好前提。只有了解、掌握对方的心理和需求，才可以在沟通过程中有的放矢。

2）可以适当地投其所好，对方可能会视你为他们的知己，那么问题可能会较好地解决。

2. 适当地赞美和肯定

喜欢别人的赞美是每个人的天性。人人都有荣誉感，都希望得到他人的认可和欣赏，所以对销售员来说，赞美就是送给客户最好的礼物。赞美客户，可以改变客户的心境，赢得其友善的态度，从而建立良好的人际关系；可以增强其自信心，增加正能量，从而与客户共同成长；可以令客户发现自己的优点，让对方感觉到自己的重要性；可以提升自己的影响力，赢得更多客户的帮助与支持，从而成就自己的梦想；可以充分体现自己应有的自信，从而使自己变成一个颇受客户欢迎和喜欢的人。

3. 学会倾听

1）在沟通中要充分重视倾听的重要性，善于表达出自己的观点与看法，抓住客户的心，使客户接受你的观点与看法。这只是你沟通成功的一半，成功的另一半就是善于聆听客人的倾诉。

2）会不会倾听是一个人会不会与人沟通、能不能与人达到真正沟通的重要标志，做一名忠实的听众。同时，让客户知道你在倾听，不管是赞扬还是抱怨，你都得认真对待。

4．表现真诚、热情

1）人总是以心换心的，你只有对客户真诚，客户才可能对你真诚。

2）在真诚对待客户的同时，还要拥有热情。

3）只有拿出你的真诚与热情，沟通才有可能成功。真诚是沟通能否取得成功的必要条件。

5．培养良好的态度

1）只有你具有良好的态度，才能让客户接受你、了解你。

2）在沟通时，你要像对待朋友一样对待你的客户。

五、问卷设计小技巧

1）问题不应该假设不明显存在的标准。

2）问卷不应该超越应答者的能力和经历。

3）问题不应该用特例来代替普遍状况。

4）应答者只记得大致的情况，不应该询问过小的细节。

5）问题不应该要求应答者通过判断来猜测。

6）问卷不应该过多询问无关的问题。

7）问题中不应该使用夸张的词语。

8）问题中不应该使用有分歧的词语。

9）问卷中不应该将两个问题并为一个。

10）问题不应该引导应答者回答某一特定答案。

11）问题不应该具有"暗示性"短语。

六、问题的主要类型

1．开放式问题与封闭式问题

（1）开放性问题

开放性问题包括范围广阔、不要求有固定结构的回答的问题。回答问题的人可以做出许许多多同样正确的回答。

例如问对方："昨天你怎么样？"这就是一个开放式的问题。对方可以把昨天的情况详细地告诉我们，也可以由对方自己决定说什么或不说什么，什么事情说得详细，什么事情说得简单，可以自己选择谈话的重点。

（2）封闭式问题

封闭性问题提供的答案是限制性的，有时问题本身就已隐含着答案。当然，问题的封闭程度有很大差异。最常见的封闭性问题只要求对方回答是或否。例如，你中午是吃米饭还是面条？两个答案中只能选择其一，这就是封闭式的提问。

2．直接性问题、间接性问题和假设性问题

（1）直接性问题

直接性问题是指被调查者根据问卷语句能够直接回答的题目。所询问的内容是调查对象的基本情况和态度，例如，"您的年龄？""您平常最喜欢去哪个超市买东西？"等。直接性问题一般都能得到明确答案，这类问题也很容易做统计分析。

（2）间接性问题

间接性问题是指不直接询问对方的态度和想法，而是让他回答"其他人的态度和想法是怎么样的"的一种提问方式。那些可能使被调查者产生顾虑，而不敢或不愿真实表达意见的问题，不能采用直接提问的方式，要采用间接提问的方式。

（3）假设性问题

假设性问题是指通过假设的现象或条件向调查对象提问的一种方式。例如，"有人认为目前的电视广告过多，您的看法如何？""如果在购买汽车和住宅中您只能选择一种，您可能会选择哪种？"这些语句都属于假设性问题。

3．事实性问题、行为性问题、动机性问题、态度性问题

1）事实性问题是要求被调研者回答一些有关事实性的问题。例如，"您通常什么时候看电视？"等。

2）行为性问题是对回答者的行为特征进行调研。例如，"您是否拥有某物？""您是否做过某事？"等。

3）动机性问题是为了了解被调研者行为的原因或动机的问题。例如，"为什么购买某物？""为什么做某事？"等。

4）态度性问题是询问回答者的态度、评价、意见等的问题。例如："您是否喜欢某牌子的自行车？"等。

七、问题的答案设计

1．二项选择法

二项选择法也称真伪法或二分法，是指提出的问题仅有两种答案可以选择，即"是"或

"否","有"或"无"等。这两种答案是对立的、互斥的,被调研者的回答非此即彼,不能有更多的选择。

例如,"您家里现在有吸尘器吗?"

答案只能是"有"或"无"。

2. 多项选择法

多项选择法是指所提出的问题事先预备好两个以上的答案,回答者可任选其中的一项或几项。

例如,"您喜欢下列哪一种品牌的牙膏?"(在您认为合适的□内划√)

中华□　　芳草□　　洁银□　　康齿灵□　　美加净□　　黑妹□

采用这种方法时,设计者要考虑以下两种情况:

1)要考虑到全部可能出现的结果,及答案可能出现的重复和遗漏。

2)要注意答案的排列顺序。有些回答者常常喜欢选择第一个答案,从而使调研结果发生偏差。

3. 顺位法

顺位法是列出若干项目,由回答者按重要性决定先后顺序。顺位方法主要有两种:一种是对全部答案排序;另一种是只对其中的某些答案排序。

例如,"您选购空调的主要条件是什么?"(请将所给答案按重要性排序,以"1,2,3,…"的格式填写在□中)

价格便宜□　　外型美观□　　维修方便□

牌子有名□　　经久耐用□　　噪声低□

制冷效果好□　　其他□

4. 回忆法

回忆法是指通过被调研者的回忆,了解其对不同商品质量、牌子等方面印象的强弱。例如,"请您列举出最近在电视广告中出现的电冰箱的牌子。"调研时可根据被调研者所回忆品牌的先后和快慢,以及各种品牌被回忆出的频率进行分析研究。

5. 比较法

比较法是采用对比提问的方式,要求被调研者作出肯定回答的方法。

例如,"请比较下列不同品牌的可乐,哪种更好喝?"(在①～⑥项中您认为好喝的品牌后的□内划√)

① 黄山□　　　天府□

② 天府□　　百龄□

③ 百龄□　　奥林□

④ 奥林□　　可口□

⑤ 可口□　　百事□

⑥ 百事□　　黄山□

比较法适用于对质量和效用等问题作出评价。应用比较法要考虑被调研者对所要回答问题中的商品品牌等项目是否相当熟悉，否则将会导致空项发生。

6．自由回答法

自由回答法是指提问时可自由提出问题，回答者可以自由发表意见，并无已经拟定好的答案。例如，"您觉得电商平台卖货有哪些优、缺点？""您认为应该如何改进电视广告？"等。

7．过滤法

过滤法又称漏斗法，是指最初提出的是离调研主题较远的广泛性问题，再根据被调研者回答的情况，逐渐缩小提问范围，最后有目的地引向要调研的某个专题性问题。例如，对那些涉及被调研者的自尊或隐私等问题，如收入、文化程度、年龄等，可采取这种提问方式。

八、问题的顺序设计

问卷中所提出的问题要进行编排设计，问题的先后顺序是有一定讲究的，绝不可以任意编排。问题的先后顺序编排得当，能使整个问卷的条理清楚。

在设计好各项单独问题以后，应按照问题的类型、难易程度安排询问的顺序。引导性的问题应该是能引起被访者兴趣的问题。回答有困难的问题或私人问题应放在调研访问的最后，以避免被访者处于守势地位。

问题的排列要符合逻辑的次序，使被访者在回答问题时有循序渐进的感觉，同时能引起被访者回答问题的兴趣。有关被访者的分类数据（如个人情况）的问题适合放在问卷最后，因为如果涉及到个人的问题，尤其在电话式问卷调查中，容易引起被访者的警惕、抵制情绪。

总之，问卷应确保封闭性的问题在前，开放性的问题在后，要由浅入深、由易到难、由小到大、由因到果依次排列问题顺序。

学习任务 ⑤

汽车4S店客户满意度调查

任务描述

完成了快消品的市场调研，你又接到了新的任务，需要完成一个汽车品牌的客户满意度调查回访。本学习任务要求坐席员掌握电话回访、客户关怀的基本流程和操作技巧，以及满意度调研问卷的具体实施，掌握汽车销售行业的满意度评价维度，以便建立完善的客户满意度标准体系，持续跟进满意度研究，为企业绩效评估提供依据。

学习目标

- 掌握满意度调查问卷的设计方法。
- 掌握汽车销售行业的满意度评价维度。
- 掌握满意度调查的实施步骤。
- 塑造一线坐席员处理呼出业务的礼仪与职业素养。
- 培养中华优秀传统文化中讲仁爱、守诚信、崇正义等思想。
- 培养诚实守信、爱岗敬业、严谨细致、开拓创新的工作品质。

工作准备

- 理解任务要求，列举外呼调查员的工作职责及自身优势。
- 收集国家职业技能标准中有关客户满意度调查部分的知识。
- 分析汽车4S店客户消费中的常见问题。
- 熟知满意度调查问题设计的技巧和方法。

获取信息

引导问题1： 请查阅网络信息，整理不少于5家汽车4S店名称及目标客户类型、办理业务类型，将调研结果填入表5-1中。

表5-1 汽车4S店调研

汽车4S店名称	目标客户类型	可办理业务类型	汽车售价范围

名词解释

汽车4S店是一种以"四位一体"为核心的汽车特许经营模式，包括整车销售（Sale）、零配件（Sparepart）、售后服务（Service）、信息反馈（Survey）等。自1998年汽车4S店进入我国市场以来，成为我国新兴的汽车营销模式，发展极为迅速。

拓展阅读 中国汽车工业发展史：产业崛起与时代变迁

中国汽车工业发展至今，已从一片空白到我国成为世界汽车制造大国，其发展速度之快令世界震惊。回顾历史，中国汽车工业的发展史就是一部改革开放的历史。它不仅推动了我国汽车工业的发展，也推动了我国整体国民经济的发展。

1）初创阶段（1953—1978）。长春第一汽车制造厂的诞生，标志着中国汽车工业的发展拉开了序幕。

2）发展壮大阶段（1979—1991）。在改革开放的春风吹拂下，中国汽车工业迅速发展壮大。

3）转型升级阶段（1992—2000）。1992年，我国汽车产量突破100万辆，跻身世界汽车产量前十名。

4）高速发展阶段（2001—2010）。随着我国加入世界贸易组织，汽车产业逐步迈入高速发展阶段。2009年，我国超过美国，成为全球最大的汽车市场。2010年，我国汽车产量更是突破了1800万辆。

5）转型升级与新能源汽车发展阶段（2011年至今）。面临能源和环境压力，我国政府大力推广新能源汽车，实施"节能与新能源汽车产业发展规划"。新能源汽车产业得到快速发展，产销量连续多年位居世界首位。

中国汽车工业在波澜壮阔的历史长河中，砥砺前行，积极转型。从最初的摸索起步，到如今在世界舞台上高歌猛进；从国内品牌的崛起，到国际市场的竞争；从传统的燃油车，到新能源汽车与智能网联汽车的蜕变；相信在不远的未来，中国汽车工业依然会乘风破浪，勇攀科技之巅，书写属于自己的辉煌篇章。

引导问题2：请通过网络搜索、资料整理等方式收集影响汽车行业客户满意度的因素，将收集到的信息填入表5-2中。

表5-2 汽车行业客户满意度分析

评价因子	影响客户满意度的因素
4S店环境	4S店内卫生是否干净、汽车展品摆放是否整齐、是否提供休息或儿童场地、卫生间是否清洁无异味等
接待服务	
销售顾问	
汽车试驾	
售后服务	

小知识

客户满意度研究（Customer Satisfaction Research, CSR）是指通过分析影响客户满意度的因素，找到影响客户满意度因素、客户满意度、客户消费行为三者的关系，以此改变消费者行为，提高客户忠诚度，减少客户流失，增加重复性购买行为，创造良好的口碑，并不断提高企业竞争能力和盈利能力的一种研究方法。

引导问题3：请熟读下面汽车4S店客服的客户满意度调查回访话术，在话术的重要内容下进行标注，并继续补全话术。

您好，×先生/小姐，我是××汽车4S店客服专员，请问您现在方便接听电话吗？（如果客户回答可以，可以说："谢谢您的支持！"；如果客户回答不可以，说："对不起，您看我什么时候联系您方便点呢？"）

1）您×号来我们店维修/保养过您的车，对您的光临表示非常感谢，×号是您亲自过来保养/维修的车吗？

2）您来我们店有预约吗？（如果有）您对我们的预约服务是非常满意/满意/一般，还是不满意？（如果客户不太明白意思时再解释一下，例如，预约电话的接通情况/预约是否考虑到客户的要求；如果没有则接着问。）

3）在维修/保养工作开始之前，接待人员对即将展开工作的解释，您觉得是非常满意/满意/一般，还是不满意呢？

4）接待员有没有积极倾听您的要求并进行解答？（如果有）您对接待员的服务是非常满意/满意/一般，还是不满意？

5）在维修/保养前有没有预计维修保养的费用？（如果有）应付金额与预先告知费用大致相符吗？

6）我们服务站有没有正确地完成这次维修/保养工作？有没有重复维修呢？

7）交车时，车子的干净整洁程度您是非常满意/满意/一般，还是不满意呢？

8）您对我们的服务是非常满意/满意/一般，还是不满意呢？

9）您对接待员对结算清单的解释是非常满意/满意/一般，还是不满意呢？

10）您对接车时等待的时间和交车时等待的时间是非常满意/满意/一般，还是不满意？

11）交车时服务顾问有没有和您共同验车并查看维修/保养的项目？（包括免费项目、洗车服务等。）

12）您对我们服务站的服务工作有没有什么意见和要求呢？（如果有）请您具体说说，听完后，再问：还有其他方面的问题吗？（包括免费项目、洗车服务等。）

客户有意见时：_____

_____

_____

反馈意见时：_____

_____

_____

我已经记录下您反馈的意见了。非常感谢您的意见，我会尽快将您的意见反馈给相关部门，并且会有专人在24小时内，与您再次取得联系，谢谢。再次感谢您，欢迎有问题随时与我们联系，再见！

结束语:

非常感谢您的配合,日后您可能会接到来自××汽车委托的第三方调查,如果您觉得我们的服务还不错,就请您帮助我们跟他说"非常满意",再次感谢您,有问题随时可以拨打我们的服务电话,再见!

> ●●● 小提示

1. 如果客户的回答是一般或不满意,坐席员应及时对客户的抱怨进行处理:"很抱歉,稍后我会提醒我们的工作人员下次注意"或"很抱歉,我们的工作给您带来不好的体验,我们一定会及时改正"。

2. 根据服务站的现实状况来决定所询问的问题,针对目前的不足或管理重点进行回访调查。询问客户的问题为5~8个较为合适,一般占用客户2~3分钟即可。

> 任务实施

1. 组织团队并进行小组分工,将小组工作计划填入表5-3中。

表5-3 小组工作计划表

班级		组别		指导老师	
组长		学号			
组员分工	姓名		学号		分工

2. 小组内每个组员熟读话术,组内进行一对一交叉练习,并在组内进行评价,填入表5-4。

表5-4　组员成果分析表

组员	存在缺陷的内容	改善后的内容

3. 通过组内的评价，推选出本组的优秀客服和员工代表，填入表5-5。

表5-5　组员成果展示评价表

组表	优秀客服	优秀员工

评价反馈

1. 每个学生的成绩评定将按学生自评、小组互评、教师评价三阶段进行，并按学生自评占20%、小组互评占30%、教师评价占50%作为每个学生的综合评定结果。学生进行自我评价，并将结果填入表5-6中。

表5-6　学生自评表

班级：_____　　姓名：_____　　学号：_____

评价项目	评价标准	分值	得分
任务是否按计划时间完成	能够在课程中按时完成任务要求，超时不计分	10	
相关理论完成情况	能够掌握相关理论知识	20	
技能训练情况	能够与组内成员配合完成技能练习	20	
任务完成情况	能够完成组长分配的工作	20	
任务创新情况	能够在过程中不断完善和创新	10	
材料上交情况	能够准时提交相关任务材料	10	
收获		10	
合计		100	

学习任务5
汽车4S店客户满意度调查

2．组内成员分别扮演坐席员和客户，抽签一对一配对进行外呼练习，扮演客户的同学对扮演坐席的同学表现进行评价，将互评结果填入表5-7中。

表5-7　小组互评表

坐席员：＿＿＿＿＿＿＿＿＿＿＿＿　　客户：＿＿＿＿＿＿＿＿＿＿＿＿

评分项	评价标准	分值	得分
开场白	能主动问候客户，并清楚说明自己的身份和来意，询问客户是否愿意接听。上述3个环节每缺少一环，扣5分	15	
业务介绍	能够准确描述业务内容并解答客户提出的问题，如出现一次错误或口误，扣5分，出现3次以上不得分	20	
语言表达	语音亲切、语速适中、语调上扬，普通话标准，没有口头语。每个考核点5分，不满足不得分。3项以上不达标不得分	25	
礼貌用语	通话过程中最少有3次以上带姓氏称呼客户，提问应多用"请"字。需要客户等待或重复时应适时致歉。缺少一个考核点扣5分	15	
正确核对、记录客户信息	快速、正确理解客户意图，核对客户的关键信息，准确记录在工单中。每个环节缺少一个扣5分。未正确完整的记录客户信息不得分	15	
结束语	正确使用结束语，耐心等待客户挂机。每个环节5分，不达标不得分	10	
合计		100	

3．教师对学生工作过程与具体任务进行评价，并将结果填入表5-8中。

表5-8　教师评价表

评价内容	评分标准	权重	总分值
投诉处理	专业化语言表达	2	15
	能够正确掌握呼出业务流程	2	
	能够正确设计回访问题，并填写在工单中	5	
	具备良好的服务意识，及时化解客户情绪	3	
	正确记录客户反馈内容	3	

拓展思考

- 请简述客户满意度调查对企业的作用。
- 请思考当客户反馈不满意时，坐席员应如何处理。
- 请思考汽车行业的客户满意度的评价因素是否适用于食品行业？为什么？

拓展学习

一、什么是客户满意度？

客户满意度调查理解起来其实很简单，即调查者通过满意度调查问卷对客户进行访问，了解客户对公司的服务、产品、流程等的满意程度，通过询问了解客户满意或者不满意的原因，并征求客户的建议。其主要目的在于改进产品质量、提高服务水平、改善服务流程，为企业发展提供最可靠的依据。客户满意度可以很好地评估出企业提供的产品和服务是否让消费者满意，在不同阶段了解消费者态度的变化趋势，进一步发掘有价值的客户群体并进行细心维护。

二、客户满意度调查的作用

客户满意度调查的核心是确定产品和服务在多大程度上满足了顾客的欲望和需求。就其调研目标来说，应该达到以下四个作用：

1）确定使客户满意的关键因素。

2）评估公司的满意度指标及主要竞争者的满意度指标。

3）判断轻重缓急，采取正确行动。

4）控制全过程。

三、影响客户满意度的因素

企业测定客户满意度的目的有两个，其一是为了改善自身产品及服务，其二是为了提高客户的体验。但是由于一个企业的资源有限，不可能将所有影响客户满意度的问题都立马解决，只能在一段时间内重点解决那些影响重大的问题。一项针对英国电信公司的研究结果发现，在表5-9所示的影响客户满意度的因素中，每个分项增加10%，对总体满意度的促进作用有所不同。

表5-9 影响客户满意度的因素

下列分项每增长10%	总体客户满意度的相应增长比例
客户服务/失误响应	4.6%
形象/美誉度	4.2%
产品质量与可靠性	3.1%
性能价格比	0.6%

这项研究结果说明，产品降价不会对客户满意度产生很大影响，企业想要提升客户满意度首先要解决的是客户服务问题。

四、汽车领域售后服务满意度研究（CSI）分析要素（见表5-10）

表5-10　汽车领域售后服务满意度研究（CSI）分析要素

因子	要素	因子	要素
服务启动	在合理的时间接待客户	服务后交车	付款手续
	被服务顾问接待的时间		车的外表和干净程度
	对等待同服务顾问交谈的时间打分		服务交车总体
	服务启动总体	服务质量	正确诊断问题的能力
服务顾问	对将要进行的服务项目进行解释		完成服务的质量
	礼貌尊敬地对待客户		圆满完成要求
	诚实		配件齐全
	有专业知识		总体来说，能将客户车子的问题一次性解决的能力
	履行对客户的承诺	使用者便利服务	合理的收费
	倾听客户的要求		提供的服务物有所值
	详细追问以弄清客户要求的时间		考虑到客户的时间
	了解客户车子的问题所在		经销商重视对客户的服务
	服务顾问总体		经销商对其服务负责到底
服务在场经历	对在经销商处打发时间打分		位置便利
	顾客等候区的干净程度		维修点营业时间方便
	顾客等候区的舒适程度		服务设施的洁净程度
	顾客等候区的招待设备		对使用者的便利服务的总体评价
	服务在场经历总体	问题经历	操作无问题
服务后交车	车子服务所花的时间		没有异响
	及时并如约修好客户的车		易于维修保养
	对完成的维修保养项目进行说明		客户对汽车质量、可靠性和耐用性的整体评分
	对维修保养收费情况的说明		

五、客户满意度调查应该包含的主要问题

呼叫中心应该针对人群以及根据调查的目的来决定调查问卷所包含的主要内容。一般来讲，调查问卷既要含有针对所服务的企业产品或服务特点的具体性问题，也要包含一些对服务整体评价的一般性问题。对于一般性的客户满意度调查来说，应该包含以下问题：

1）对服务的整体质量满意程度。

2）对客服代表或者顾问的专业知识与技能水平的满意程度。

3）对产品质量的满意程度。

4）对解决问题的时效性或效率的满意程度。

5）对所建议的解决方案的有效性的满意程度。

6）对产品或服务的评价或建议（开放性问题）。

如此看来，满意度调查主要了解的是客户的满意程度，所以在设计问卷的时候一般需要将答案设置成等级的形式，供客户选择相应的满意程度。

六、设置客户满意度量表

客户满意度量表的量尺以五点或四点的形式为多，如五点量尺为：非常同意（非常满意）、同意（很满意）、没意见（基本满意）、不同意（不满意）、非常不同意（非常不满意）；四点量尺则将"没意见（基本满意）"去掉，如图5-1所示。究竟五点量尺还是四点量尺较佳？学者们各有不同的意见。有的学者认为比较不认真作答的人会有选"没意见"的倾向，结果造成所得的数据没有太大意义，因此以四点量尺较能看出作答者的态度。而有的学者则认为四点量尺有强迫作答者表态的意思，事实上有的问题是作答者所不了解的，"没意见"一项还是值得保留。这两种量尺都各有其优缺点，编制问卷的人可视其需要而采用其中的一种。

图5-1　客户满意度量表的量尺

七、客户满意度对应话术（见表5-11）

表5-11　客户满意度对应话术

客户的满意度	对应的话术
非常满意/很满意	"好的，非常感谢您对我们工作的理解和支持！您如果在使用的过程中还需要帮助的话，可以随时与我们联系，24小时服务电话08××-8870××××！我的回访到此结束，祝您生活愉快！再见！"
基本满意	"好的，非常感谢您对我们工作的理解和支持！对于我们工作不足的地方向您致歉，我们会及时将信息反馈到售后服务部，我们将努力为您下次进店提供完美的服务。如果您在使用的过程中还需要帮助的话，可以随时与我们联系，24小时服务电话08××-8870××××！我的回访到此结束，祝您生活愉快！再见！"
不满意/非常不满意	"×先生/女士，非常抱歉，我已将您的问题记录并将立即反馈到售后服务部总监处，在三个小时之内，售后服务部相关负责人将会和您联系并制订处理方案，对于给您带来的不便再次表示歉意。如果您在使用的过程中还需要帮助的话，可以随时与我们联系，24小时服务电话08××-8870××××！我的回访到此结束，祝您生活愉快！再见！"

八、问卷设计的步骤

设计问卷是为了更好地收集调研者所需要的信息,因此,在设计问卷的过程中,首先要把握问卷调查的目的和要求,同时要争取被调研者的充分配合,以保证最终问卷能提供准确有效的信息资料。一般调研问卷必须通过认真仔细地设计、测试和调整,然后才可以大规模使用。通常,问卷的设计可以分为以下步骤。

1. 根据调研目的,确定所需要的信息资料

在问卷设计之前,调研人员必须明确需要了解哪些方面的信息,这些信息中的哪些部分是必须通过问卷调研才能得到的,这样才能较好地设计所需要调研的问题,实现调研目标。在这一步中,调研人员应该列出所要调研的项目清单。

这些在问卷设计时都应体现出来。根据这样的一份项目清单,问卷设计人员就可以进行设计了。

2. 确定问题的内容,即问题的设计和选择

在确定了所要收集的信息资料之后,问卷设计人员就应该开始根据所列调研项目清单进行具体的问题设计。设计人员应根据信息资料的性质,确定提问方式、问题类型和答案选项如何分类等。对一个较复杂的信息,可以设计一组问题进行调研。问卷初步设计完成后,应认真核对每一个问题,以确定其对调研目的是有贡献的。仅仅是趣味性的问题应该从问卷中删除,因为它会延长所需时间,使被访者不耐烦,也就是说,要确保问卷中的每一个问题都是必要的。

3. 决定措辞

措辞的好坏,将直接或间接地影响到调研的结果。因此,问题的用词必须十分审慎,要力求通俗、准确、客观。所提的问题应对被访者进行预试之后,才能广泛地运用。

4. 确定问题的顺序

在设计好各项单独问题以后,应按照问题的类型、难易程度安排询问的顺序。如果可能,引导性的问题应该是能引起被访者兴趣的问题。回答有困难的问题或私人问题应放在调研访问的最后,以避免被访者处于守势地位。问题的排列要符合逻辑次序,使被访者在回答问题时有循序渐进的感觉,同时能引起被访者回答问题的兴趣。有关被访者分类数据(如个人情况)的问题适合放在问卷最后,因为如果涉及个人情况的问题,容易引起被访者的警惕、抵触情绪,尤其是在电话式问卷调查中。

5. 问卷的测试与检查

在问卷用于实施调研之前,应先选一些符合抽样标准的被访者来进行试调研,在实际环境中对每一个问题进行讨论,以求发现设计上的缺失。例如,问卷是否包含了整个调研主题,问题是否容易造成误解,是否语意不清楚,是否抓住了重点等,并加以合理的修正。

6. 审批、定稿

问卷经过修改后还要呈交上级领导,审批通过后才可以定稿、复印,正式实施调研。

学习任务 ❻

会议展览电话邀约

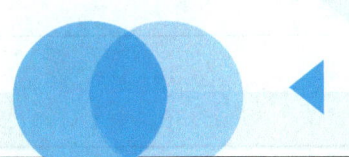

任务描述

完成了汽车匹配的客户满意度调查任务后,领导非常满意你的工作成果,特别提升你作为组长承接了全新的项目——会议展览电话邀约。本学习任务要求坐席员掌握将消费者名单信息分类处理、通过电话邀约通知客户到展的能力,为企业的现场销售、服务做好基础准备。

学习目标

- 掌握电话邀约的主要应用分类。
- 掌握编写邀约话术的技巧。
- 掌握会展业务类型的邀约技巧。
- 能够成功邀约客户到展。
- 提升坐席员的沟通能力和分析问题、解决问题能力。
- 提升职业自信心与自豪感。

工作准备

- 理解话术要求,认真阅读任务背景。
- 练习电话外呼所需要的表达、沟通技巧。
- 分类处理消费者名单信息。

获取信息

引导问题1：什么是电话邀约？

_____
_____
_____
_____

引导问题2：实施电话邀约前，需要做好哪些准备？

_____
_____
_____
_____

引导问题3：请阅读以下会议邀约案例，完成案例后面的问题。

会议邀约案例

客服：您好，我是老年健康工程的××。请问×阿姨在家吗？

客户：我就是，请问找我有什么事？

客服：×阿姨，您好，前两天我们到您家的小区做过健康检查，您还记得吗？

客户：就是那个检查手穴的吧？

客服：对，您记性真好！我认真看过您的检测结果，您的血压是不是比较高？（根据检测表所填内容问，一定要问到点子上。）

客户：对呀！一直都这样。

客服：那您平时头痛、头晕这些症状明显吗？

客户：我经常头痛、头晕，有时睡眠也不太好。

客服：那您现在都在吃什么药呢？

客户：平时吃××和××。

客服：看来您对健康还是很重视的。×阿姨，我们明天正好有一场"老年人健康体验交流会"，特别邀请了心脑血管病专家来为老年朋友进行健康知识讲座，现场还有幸运抽奖、免费健康检测、咨询，如果您有兴趣参加，我帮您预订一个座位？

客户：这么好哇，进场不要钱吧？

客服：不会的，×阿姨您直接过去就行了，我帮您预订前排的座位，您看怎么样？

客户：好的，你们的讲座在哪儿？

客服：请您记一下，时间是31号下午2:00，地点是××大厦×层会议室，您可以乘×路车在××站下车，我们有工作人员接站，我叫××，到了您找我就行。

客户：行，我抽时间过去。

客服：那好×阿姨，打扰您这么长时间真不好意思。我们活动现场见，我一定把位置给您订好等着您。×阿姨，祝您身体健康，再见！

1．写出本案例邀约的目的。

2．总结会议电话邀约的技巧。

引导问题4：请总结会议展览电话邀约的流程。

引导问题5：编写电话邀约话术时的注意事项。

任务实施

1．小组内每个组员熟读案例话术，组内进行一对一交叉练习，并在组内进行评价，将组员成果分析填入表6-1中。

表6-1 组员成果分析表

组员	存在缺陷的内容	改善后的内容

2．请结合组内评价结果进行改善，分组进行一对一话术练习，并由组长进行通关考核，将小组成员分组情况填入表6-2中。

表6-2 小组成员分组表

分组	坐席员	客户

3．小组组员间进行试讲，通过组内的评价，推选出本组的优秀坐席和优秀客户，填入表6-3中。

表6-3 组员试讲评价表

组别	优秀坐席	优秀客户

评价反馈

每个学生的成绩评定将按学生自评、小组互评、教师评价三阶段进行，并按学生自评占20%、小组互评占30%、教师评价占50%作为每个学生的综合评定结果。

1．学生进行自我评价，并将结果填入表6-4中。

表6-4　学生自评表

班级：_____　　姓名：_____　　学号：_____

评价项目	评价标准	分值	得分
任务是否按计划时间完成	能够在课程中按时完成任务要求，超时不计分	10	
相关理论完成情况	能够掌握相关理论知识	20	
技能训练情况	能够与组内成员配合完成技能练习	20	
任务完成情况	能够完成组长分配的工作	20	
任务创新情况	能够在过程中不断完善和创新	10	
材料上交情况	能够准时提交相关任务材料	10	
收获		10	
合计		100	

2．组内成员分别扮演坐席员和客户，通过抽签一对一搭配进行外呼练习，请扮演客户的同学对扮演坐席员的同学进行评价，将互评结果填入表6-5中。

表6-5　小组互评表

坐席员：_____　　客户：_____

评分项	评分标准		评分	得分
专业技巧考评	话术设计	开头语规范	10 / 8 / 6 / 3 / 0	
		信息告知部分规范	10 / 8 / 6 / 3 / 0	
		结束语规范	10 / 8 / 6 / 3 / 0	
		话术符合流程	10 / 8 / 6 / 3 / 0	
	技巧运用	礼貌待人	10 / 8 / 6 / 3 / 0	
		重复确认	10 / 8 / 6 / 3 / 0	
		及时记录	10 / 8 / 6 / 3 / 0	
		语音语调	10 / 8 / 6 / 3 / 0	
其他考评	业务知识掌握熟练		10 / 8 / 6 / 3 / 0	
	整体服务态度		10 / 8 / 6 / 3 / 0	
使用说明			总分	
通过观察，在表格中评分：10分表示合格，8分表示合格，6分表示一般，3分表示不合格，0分表示非常不合格。总分满分100分，60分及格 在右边的"有待改进之处"填写详细的信息			有待改进之处	

3. 教师对学生工作过程中与工作结果进行评价，并将结果填入表6-6中。

表6-6　教师评价表

评分项	评分标准		评分	得分
专业技巧考评	话术设计	开头语规范	10 / 8 / 6 / 3 / 0	
		信息告知部分规范	10 / 8 / 6 / 3 / 0	
		结束语规范	10 / 8 / 6 / 3 / 0	
		话术符合流程	10 / 8 / 6 / 3 / 0	
	技巧运用	礼貌待人	10 / 8 / 6 / 3 / 0	
		重复确认	10 / 8 / 6 / 3 / 0	
		及时记录	10 / 8 / 6 / 3 / 0	
		语音语调	10 / 8 / 6 / 3 / 0	
其他考评	业务知识掌握熟练		10 / 8 / 6 / 3 / 0	
	整体服务态度		10 / 8 / 6 / 3 / 0	
使用说明			总分	
通过观察，在表格中评分：10分表示非常合格，8分表示合格，6分表示一般，3分表示不合格，0分表示非常不合格。总分满分100分，60分及格 在右边的"有待改进之处"填写详细的信息			有待改进之处	

拓展思考

- 请简述会议展览电话邀约时的注意事项。
- 请简述会议营销的作用。

拓展学习

一、电话邀约

电话邀约业务是呼叫中心的一种典型呼出业务，一般来说都是为了公司的市场活动、销售活动而产生的邀请客户参与公司大型活动的任务。

电话邀约主要的应用领域是电话销售。电话邀约在电话销售领域常见的一类业务是营销电话邀约，即在会议营销之前通过电话邀约客户参加公司会议，通常被称为"会议邀约"。

电话邀约的主要目的是邀请客户参加活动、会议并见面。

二、会议营销

会议营销是指寻找特定客户，并通过产品说明会和亲情服务的方式销售产品的销售方式，会议营销是电话邀约应用的主要领域。

会议营销的实质是对目标顾客的锁定和开发，以专家顾问的身份对意向顾客进行关怀和隐藏式销售。

三、会议营销的步骤

在会议之前，需要通过不同渠道收集适合企业产品功效的消费者名单；确定会议营销的时间、地点及期间的准备工作，比如会议现场布置、控制与实施等；将消费者名单信息进行分类处理，并以营销电话邀约的形式通知其到会议现场。电话邀约与电话销售一样，是带有销售性质的，所以电话邀约不仅是通知客户参加一个会议的时间和地点，还要尽可能提高邀请成功率，并在会议开始前进行追踪，提醒客户参会时间，确保客户能够准时到场。电话邀约流程如图6-1所示。

图6-1 电话邀约流程

1. 做好致电前的准备

（1）使用合适的称谓

读错别人的姓名或是使用不当的称谓是一件很不礼貌的事情。我国姓氏名字多样，而且读音多变，稍不注意就会读错。作为电话邀约人员，使用错误的称谓称呼对方，是很不应该的事情，所以在遇到陌生的姓氏或字词不能正确读出时，不要想当然。桌面上准备一本新华字典是十分有必要的。

（2）做好回答客户疑问的准备

电话邀约也是双向沟通的过程，虽然一线坐席员在进行电话邀约的过程中都有固定的邀约话术，但是很难避免客户会打断并会问到邀约话术之外的一些问题，所以一般要对常见问题烂熟于心，而不能等到客户问到才去翻标准答案。因为这个时候再去翻标准答案已经来不及了，通常客户没有耐心等待。

（3）熟悉公司周边及当地交通

作为会议邀约项目的一线坐席员，必须对所邀请会议的地理位置以及到达会场的交通方式记得非常清楚。在电话邀约的过程中，对于有意向或者没有拒绝的客户，应清楚地告诉他参会的地点。

（4）选择合适的时间拨打电话

拨打电话的时间最好是在早上10点～11点或下午2点～5点。尽量不要占用对方的私人时间，如用餐、午休、周末时间等。工作时间的电话邀约成功率会较高。

2. 做好开场白

一般常用的开场白为："您好！我是××公司的客服专员，我们想邀请您参加×月×日的××会议展览，本次会议主要是××××展览会"。

3. 简单介绍邀约目的和内容

开场白之后就是介绍邀约目的，如果是会议邀约，应就会议会议内容和意义，以及吸引客户的亮点做介绍。如果客户没有疑问，就可以通知时间、地点；如果客户还有其他问题，就要及时回答客户的问题。

4. 通知时间、地点并予以确认

客户如果没有拒绝电话邀约，那么就要明确告诉客户该会议的时间和地点，并且要确定客户的时间是否方便，引导客户给出确认参会的承诺。这样就算是一个比较成功的电话邀约。

5. 结束通话

一般在挂断电话之前要有一些感谢客户的礼貌用语，例如："感谢您，祝您生活工作愉快"，之后就可以让客户先挂断电话。

四、会议邀约的技巧

1）在传递会议价值时，尽量模糊化，记住要留一点悬念给客户，让客户有亲临会场了解会议内容的兴趣。

2）电话邀约后可以使用手机短信跟催（例如，中餐时间以问候、关心为主，提醒回执为辅），这样可以避免客户因频繁接听电话而产生的厌烦感。

3）多问问题，尽量让客户说话。在面对面接触时，你可以从客户的表情动作看出客户是否在专心倾听，但在电话交谈中，由于没有判断的依据，你无法推测对方的内心想法。因此，要多问问题，尽量让客户发表意见，才能知道客户的真实想法。

4）自愿原则。明确告诉客户参加会议是自愿的，不要让客户感受到浓烈的推销感，避免客户产生排斥情绪拒绝参会。

五、编写会议邀约话术

在会议邀约中，话术编写要围绕以下5个问题来设计。

1. 我是谁

根据客户的心理需求，电话接通后，首先要向客户表明自己的身份，与此同时，也应当告诉对方我们是如何知道他的。一般有两种方法，第一种是直截了当告诉对方我是谁并适当称赞对方；第二种是转借他人介绍的方法，借助双方共同认识的第三方来认识彼此。第一次电话只是做好感情铺垫，不需要提到邀约的事情，这样如果你过段时间再邀约，成功的几率将会大很多。

2. 我要跟客户谈什么

电话邀约的通话内容与电话销售不同，通话中不需要告诉客户太详细的细节，只需要向客户介绍此次会议大致的主题内容即可。比如××教育培训机构的电话邀约内容："××家长您好，我是××学校的××老师，今天打电话就是想告诉您本周六10点我们有一场关于孩子英语兴趣的公开课，邀请您来参加！"该内容稍做改动就会好很多，将英语公开课改为亲子教育公开课，可以在引起客户兴趣的同时，让客户对参加本次活动的意义给与重视。

3. 我谈的事情对客户有什么好处

客户如果感觉去参加你的会议或活动一点好处都没有，肯定会断然拒绝你。因为利益问题是客户关心的问题，所以，在电话邀约的过程中有必要强调你谈的事情将给客户带来哪些好处。

4. 拿什么来证明我谈的是真实的、正确的

在电话邀约之前需要做精心准备，比如通过短信、微信、QQ、传单等多种渠道先做好铺垫，这样在邀约的过程中与客户的沟通会比较容易推进。客户在听了你介绍的好处之后，可能还会怀疑你说的内容有些夸张，犹豫要不要去。此时，你就需要再举出例证来说服客户。

5. 客户为什么现在一定要来

一般情况下，客户如果没有急迫需求，是不会主动接受你的电话邀约，如期参加会议或活动的，这个时候你需要不断强调事情的紧迫性。

六、电话邀约的服务指标（见表6-7）

表6-7 电话邀约的服务指标

序号	指标名称	指标定义
1	电话沟通成功率	（电话邀约成功次数/总沟通电话数）×100%
2	电话约见成功率	（成功约见面的电话数/总拨打电话数）×100%
3	客户电话沟通量	与客户进行电话沟通的次数
4	客户沟通及时性	一定周期内未及时同客户沟通的次数
5	短信通知及时性	一定周期内未及时短信通知客户的次数
6	客户到场率	（成功到场客户人数/总计划邀约客户人数）×100%
7	服务水平	回答时间少于N秒的电话数/所呼出的电话总数

七、电话邀约的流程管理（见表6-8）

表6-8 电话邀约的流程管理

阶段	步骤	内容	细节要点
准备	1	信息、资源搜集整理	搜集客户信息、分析竞争对手优劣势
	2	讨论客户需求	准确了解客户的背景、爱好
	3	客户关怀	品牌宣传、祝福、天气预报、温馨提示等
	4	编辑与优化话术	注意提问和反问设计
	5	邀约人员培训	培训师根据业务需求实施培训
	6	定邀约目标及奖罚	制定相应的目标管理制度
实战	7	电话邀约实战	充分运用电话邀约技巧
	8	客户信息资源管理分类	电话结束后的明细登记：意向客户、准客户、潜在客户分别明细分析
总结反馈	9	总结反馈	1. 收集到客户信息后，电话邀约要在2日内完成，并把电话结果记录备案，并制订下一次电话的沟通主题 2. 当电话邀约完成以后，需及时发送信息祝福感谢（对于重点客户，必须用自己手机编写祝福短信并注明自己的姓名），重要客户的情况要立即反馈给部门主管 3. 每天下班后，要把当天的电话邀约结果及重要客户名单汇报部门主管 4. 对潜在有效的信息，要制订相对合适的回访电话，持续电话跟踪；对于已无意向达成合作的客户，也要定期发送短信，不排除以后有机会成功合作

学习任务 ⑦

幼儿早教产品电话销售

任务描述

本学习任务通过演练幼儿早教产品的销售情境，使坐席员能够有效挖掘客户需求并进行有效提问，从而设计出合适的电话销售话术，并完成早教产品的推广销售。

学习目标

- 能够根据不同客户群体挖掘不同客户需求。
- 掌握电话销售有效沟通的基本技巧。
- 能够运用电话销售步骤设计话术脚本。

工作准备

- 掌握客户需求的层次及分类，能够针对性地挖掘潜在客户的需求。
- 掌握电话销售的一般沟通技巧。
- 熟悉幼儿早教产品相关内容。

获取信息

引导问题1：请阅读下面的项目资料，列举客户的需求分类，填入表7-1中。

幼儿早教产品项目资料

幼儿智慧仓是××××教育集团2020年推出的分龄分版家庭早教产品，由国内外多位学前教育家针对中国1~6岁幼儿家庭特点研发。以生命教育为核心、蒙特梭利教学为手段，以八大智能综合开发为目标，以连动学习的方式培养幼儿自主学习能力和早期阅读习惯，帮助幼儿在游戏的过程中学习并掌握基本的生活、生存能力，同时关注我国多家家庭问题，致力于帮助父母与祖父母统一教育观念，掌握正确的育儿知识及方法。

幼儿智慧仓作为一套系统的家庭教育解决方案，具体产品分为两部分：一部分是给孩子学习的教材，每期包括主题读本、故事绘本（1~2岁）或智能优加（3~6岁）、配套学习的DVD光盘、与学习主题一致的玩具；另一部分是给家长学习的教材，每期包括亲子立方读本和亲子立方DVD，内容包括育儿讲座（爷爷奶奶DVD）、智慧仓产品的使用指导（父母课堂）、亲子游戏、育儿知识等内容。

表7-1 客户需求分类

需求类别	对应层次	需求特点	备注

引导问题2：请针对以上客户需求分类，分析挖掘对应需求的方法技巧，填入表7-2中。

表7-2　如何挖掘客户需求

对应需求分类	采取何种手段深层次挖掘其潜在需求

引导问题3：总结电话销售的基本流程，将步骤与实施内容填入表7-3中。

表7-3　电话销售基本流程

步骤	实施内容

引导问题4：结合话术设计脚本，总结每个环节的销售话术技巧，填入表7-4中。

表7-4　销售话术技巧

销售流程	话术技巧	技巧说明
绕过障碍		
开场白		
激发兴趣		
销售说明		
异议处理		
促成交易		
承诺跟进		

任务实施

1. 小组内每个组员熟读话术，组内进行一对一交叉练习，并在组内进行评价，将分析结果填入表7-5中。

表7-5　组员成果分析表

组员	存在缺陷的内容	改善后的内容

2．请结合组内评价结果进行改善，分组一对一话术练习，并由组长进行通关考核，将分组情况填入表7-6中。

表7-6　小组成员分组表

分组	坐席员	客户

3．小组组员间进行试讲，通过组内的评价，推选出本组的优秀坐席和优秀客户，填入表7-7中。

表7-7　组员试讲评价表

组别	优秀坐席	优秀客户

各组学生进行话术脚本编写，教师对学生进行评价，将评价结果填入表7-8中，考核标准参考表7-9。

表7-8　学生评价表

评价项目	评价标准	分值	得分
任务是否按计划时间完成	能够在课程中按时完成任务要求，超时不计分	10	
相关理论完成情况	能够掌握相关理论知识	20	
技能训练情况	能够与组内成员配合完成技能练习	20	
任务完成情况	能够完成组长分配的工作	20	
任务创新情况	能够在过程中不断完善和创新	10	
材料上交情况	能够准时提交相关任务材料	10	
收获		10	
合计		100	

表7-9　话术设计考核标准

评价内容	评分标准	单项分值	总分值
话术设计考核标准	话术流畅清晰，格式规范	3	20
	能够合理设计开场白	5	
	能够通过设计提问深度挖掘客户需求	5	
	能够结合产品卖点，通过话术正确介绍商品	5	
	文字表达准确，无错误字、无病句	2	

拓展思考

- 请简述如何进行客户需求挖掘。
- 请举例说明客户的购买动机。

拓展学习

一、客户需求分析

1. 客户需求层次

所有的企业都在高度关注和研究客户的需求，并强调"以客户的需求为导向"。企业真正地识别、把握和跟踪不断变化的客户需求并非易事，客户需求的多样性、隐蔽性、复杂性使得企业难以驾驭，因此，从纷繁多样的客户需求中找出其中的规律就显得十分重要了。

借助于"马斯洛需求层次理论"的分析模型和方法，并参考其他专家关于客户需求层次的论述，客户的需求也存在着5个层次，它们从低到高依次是：产品需求、服务需求、体验需求、关系需求和成功需求，如图7-1所示。

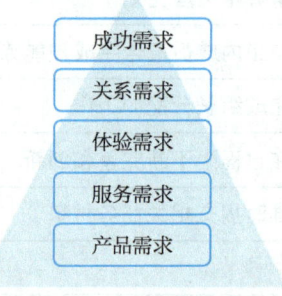

图7-1　客户需求层次

2．客户购买动机的分析

（1）客户购买动机的特点

在心理学中，动机指引发和维持个体行为，并导向一定目标的心理动力。客户动机指在客户需要的基础上引发、产生客户消费行为的直接原因和动力，相对于客户需要，客户动机与消费行为的联系更加直接具体，客户动机把客户需要行为化，客户通常按照自己的动机去选择、消费具体的产品类型。客户购买动机的产生是由一系列复杂因素相互作用的结果，并呈现出多方面的特点，对现代客户消费行为的分析要建立在对客户购买动机的把握上。

（2）客户购买动机的类型

购买动机是消费行为的直接驱动力，也就是说任何人的行为都不是无缘无故的，人只要处在清醒的状态下，他所从事的任何活动都是由一定的动机所引起的。客户的购买动机是复杂的、多变的、多层次的，在消费心理学研究中，一般概括为生理性购买动机和心理性购买动机两大类。

（3）客户购买动机的具体形式

1）求实动机。求实动机是指客户以追求产品或服务的使用价值为主导倾向的购买动机。在这种动机的支配下，客户在选购产品时特别重视产品的质量、功效，要求一分钱一分货。

2）求新动机。求新动机是指客户以追求产品、服务的时尚、新、奇特为主导倾向的购买动机。在这种动机的支配下，客户选择产品时特别注重产品的款式、色泽、流行性、独特性、新颖性等。

3）求美动机。求美动机是指客户以追求产品欣赏价值和艺术价值为主要倾向的购买动机。

4）求名动机。求名动机是指客户追求名牌、高档产品，借以显示或提高自己的身份、地位而形成的购买动机。

5）求廉动机。求廉动机是指客户以追求产品、服务的低廉价格为主导倾向的购买动机。

6）求便动机。求便动机是指客户以追求产品购买和使用过程中的省时、便利为主导倾向的购买动机。

7）模仿或从众动机。模仿或从众动机是指客户在购买产品时不自觉地模仿他人的购买行为而形成的购买动机。

8）癖好动机。癖好动机是指客户以满足个人特殊兴趣、爱好为主导倾向的购买动机。

二、如何正确挖掘客户需求

客户的"痛点"，就是需求的本质，一切的购买行为，也都是建立在解决"痛点"、解决需求上，所以必须要学会挖掘客户的"痛点"，才能够让自己商业成功，走上胜利的道路。那么如何挖掘客户"痛点"呢？

1. 引导客户说出他的顾虑

从销售开始到结束，只要客户没有拒绝，那么销售就有可能，客户没有作出购买决定，对销售人员来说是一个阻碍，这个时候可能客户自己也不太清楚自己的需求，所以需要销售人员来帮助客户寻找购买产品的理由。销售人员可以通过观察客户的言行举止作出判断，也可以直接通过询问的方式引导客户、了解客户的真实需求，比如对客户说：请问您还有什么顾虑？我们可以帮您解决。

2. 坚定客户的购买心理

销售人员在知道客户所顾虑的问题之后，要想办法解决客户的问题。在帮客户解决问题的过程中，一定要真诚、亲切，让客户感觉到被重视，还要让客户相信自己。比如对客户说：您真有眼光，×××APP很适合你们公司，秒级搜索大量客户资料，有了×××APP，相信你的业绩会更好。销售人员的语言会在一定程度上鼓励客户，坚定客户的购买信心，促成合作。

3. 适时让客户做出决定

当一个人处于紧迫的状态下，他就会很快做出决定。尤其是当销售人员向客户说明产品的利益，并告诉客户目前产品很紧俏，但有团购等优惠活动，数量有限时，会给客户制造出一种紧迫感，这可以使客户更快做出决定。

三、通过"望、闻、问、切"了解和发掘客户需求

了解和发掘客户需求是销售中最重要的环节之一，也是销售成败的关键之一。销售人员在实际的销售过程中，往往只是单纯地介绍产品，普遍缺少了解和发掘客户需求的环节。如电信营业厅里，客户主动询问长途有何优惠？很多销售人员都是把所有长途优惠的宣传单页拿给客户，然后告诉客户"你可以自己选"或者"那就要看你的需要了"。这都反映了销售人员缺乏了解客户需求的意识。那么，作为销售人员，在销售过程中，应如何了解和挖掘客户需求？在实际的工作中，可以借鉴中医的"望、闻、问、切"四法了解客户需求，帮助销售人员大幅度提升销售的效果。

1. 望

中医中的"望"是观察的意思。对于销售人员来讲，首先要注意观察，观察客户的穿着、言语、神态等。通过观察来判断客户的消费心理，从而指导消费。但对于呼叫中心客户服务来说，坐席员是无法与客户形成面对面的沟通的，所以这里的"望"可以理解为了解客户的来处。例如，在以电视购物为主的呼叫中心，客户是通过观看商品的广告，对商品有一定的兴趣后来电咨询的，坐席员可以根据广告中出现的商品卖点来判断客户的需求和动机；在以咨询服务为主的呼叫中心，如通信运营商、银行客服热线等，坐席员可以通过IVR语音分类来辨别客户的基本需求。

2. 闻

"闻"的意思是"听"。坐席员在了解客户需求时，倾听是重要技巧之一。通过听取客户说的话，坐席员能捕捉到销售信息，如客户的抱怨、异议等，这些都蕴含着客户的需求信息。在听的时候，不仅要听出客户的表面意思，还要听出客户的弦外之音。

很多行业，如通信运营商的坐席员，都还有一个特殊的"耳朵"，就是业务支撑平台。例如，通过中国移动公司的业务支撑平台，了解了客户的信息之后，销售人员可以立刻获得客户的很多信息，如套餐情况、优惠情况、缴费纪录、话费结构等。在实际工作中，销售人员灵活使用业务支撑平台可以起到事半功倍的效果。

3. 问

在大多数情况下，仅通过"望""闻"是不能够充分了解客户需求的。如果只是让客户说，我们听和看，而不主动询问客户相关信息的话，客户说的很可能是对于营销没有用处的，销售的效率也会比较低。客户留给销售人员的时间通常是有限的，销售人员必须快速了解客户需求，提升销售效率。因此，要想提升销售效率，在销售中"问"就是必不可少的。

通过"问"可以了解客户很多的信息。凡是在推荐相关产品之前需要的信息，都可以通

过发问来进行了解。如客户想买手机，作为销售人员就必须询问客户，手机是给自己用还是买给别人用，喜欢什么样的机型，想买什么价位的，在功能上有何偏好等，这些信息都可以通过提问获得。通过上述分析，销售人员要想在销售的过程中有效提问，首先要透彻了解产品，才知道应该问什么；其次销售人员应在日常工作中注意积累经验。

4．切

在中医中"切"就是切脉，根据脉象的变化来判断病情。"望""闻""问""切"四诊并不是孤立的，而是相互参考的。前面的"望""闻""问"，都是为最后的"切"打基础。

对于电信行业销售人员来说，"切"就是在"望""闻""问"的基础上，初步确定拟向客户推荐的产品，然后通过分析客户的需求，引导客户购买该产品。

首先，要分析客户的现状，通常是复述已经了解到的客户情况；其次，指出客户目前可能存在的问题；再次，推出相应的产品；最后，在推出产品时要引发客户的兴趣，从而让客户愿意听后续的产品介绍。通常引发客户兴趣的方式有三种：一是说产品价值，即优惠或吸引人的功能等；二是说针对性，即"产品特别适合您这样的客户"等；三是说受欢迎程度，利用人们的从众心理，即"办理的人非常多"等。

四、电话销售的一般流程

一般来说，一个完整的电话销售流程包含开场白、商品（服务）介绍、解答客户疑问或异议、促单成交，电话销售的一般流程如图7-2所示。

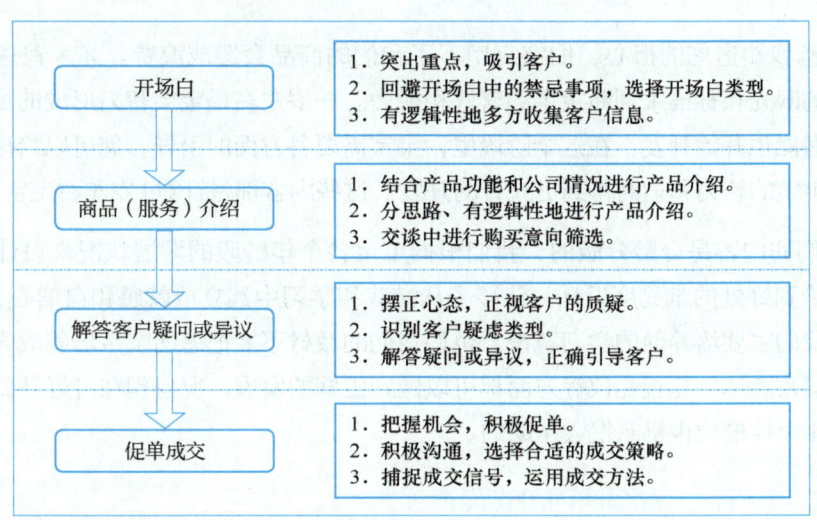

图7-2 电话销售的一般流程

五、参考话术

1. 开场白

您好,我是××智慧谷育儿老师,我姓×,请问是××的爸爸,×先生吗?

2. 阐述来电目的

××爸爸,您好,今天给您打电话是想了解一下您家宝宝目前的成长和学习情况,也希望能给到您一些专业的建议跟意见。

3. 通过提问探寻客户潜在需求

想必××爸爸之前也为宝宝购买过一些早教类的书籍对吧?主要是哪些方面的呢?

4. 通过提问了解目标客户当前状况

宝宝现在说话怎么样啊?/宝宝现在由谁在带,是爷爷奶奶还是爸爸妈妈?/宝宝喜欢什么玩具?/宝宝平时会看动画片吗?

5. 结合客户情况进行产品介绍

我们今天致电给您主要也是考虑到很多年轻的父母都对早教比较关注。近期上海××国际幼儿教育中心推出了一套专门针对0~6岁学龄前宝宝的教材,是一套适合中国宝宝的家庭早教教材,耽误您几分钟时间给您介绍一下,可以吗?

这是一套针对中国隔代教育分龄分版的系统性的教材。我们为宝宝量身定制了一套完整的月度学习计划,包括六件物品,其中有两张光盘、三本书、一套益智型玩具。

6. 处理客户担心孩子太小,看不懂的疑问

××爸爸我知道您的担心,怕宝宝用不了我们的商品会造成浪费。××爸爸,其实我们不能以大人的眼光和标准来判断宝宝的喜好和能力。一岁左右是宝宝智力形成的最重要时期,宝宝的情商潜能也开始开发,在这个阶段里,宝宝需要各方面的引导。您可以给孩子选择我们的教材,让宝宝的智力和情商得到更充分的开发。这些内容都是针对1岁左右宝宝的。

而且我们的内容是分龄分版的,我们根据宝宝各个年龄段的发展状况来设计宝宝的学习内容。我们恰到好处的难易度设计,让孩子从游戏和学习中建立成就感和自信心,比如1岁左右的宝宝,我们主要培养他的学习意识。也许我们的教材不能把您的宝宝培养成天才,但是在生活习惯、语言表达、礼貌礼仪等方面都可以做到更好的发展,况且现在打好基础对孩子的完整人格发展和个性形成也是有很大帮助的。

7. 树立客户信心,再次推单并介绍促销活动

您看,我们这里有半年和1年的宝宝学习计划,是非常科学和系统性的,每个月都会有全

新的六件物品送到您的家里，我们现在正在做会员招募活动，原价398元一个月的课程，现在订购半年只需1980元，一年只需2980元，您看为您家宝宝订制一个半年的还是一年的学习计划呢？

8. 感谢客户预定，并核对信息，提示缴费方式

好的，感谢××爸爸的订购，今后还会有专属的育儿专员竭诚为您家宝宝提供优质的服务。与您核实下您的收货信息：收件人：×先生，电话：13××××××567，收货地址：××××××××××。宝宝不到2岁，订购的是1~2岁教材的半年包，我们支持货到付款，请问您是刷卡还是现金付款？

9. 售后提示

我们已经帮宝宝订购了一个适合他这个年龄段的版本，我们会在7~10个工作日帮您送货上门，货到付款，箱子里面有六件物品，额外还有一个入会的礼物，请您注意查收。

10. 结束语

之后您有任何育儿问题，都可以随时和我们联系，我是×老师，我们的免费热线是400××××66，祝您家宝宝健康快乐成长！

学习任务 ⑧

企业招聘套餐电话营销

任务描述

通过实物类电话销售任务，你已经掌握了电话销售的基本流程和沟通技巧，接下来的学习任务是完成虚拟类产品的电话销售任务。通过对目标客户基本情况的分析，你需要编写销售话术，制订销售过程中的FAQ，掌握电话销售过程中产品介绍及提问的技巧，最终完成电话销售目标。

学习目标

- 能够全面了解电话销售话术的一般组成。
- 能够结合FABE法则，总结电话销售企业招聘套餐话术。
- 能够运用SPIN技巧，设计最少10个问题，通过这些问题有效挖掘客户需求，突出本产品的卖点。
- 能够树立正确的人生观、价值观、世界观，践行社会主义核心价值观。
- 培养组织协调、团结协作的职业素养。

工作准备

- 理解任务要求，列举电话营销话术的组成部分。
- 收集FABE法则和SPIN技巧的部分知识。
- 分析企业招聘套餐电话营销过程中的难点和常见问题。

呼叫中心呼出业务能力训练

企业招聘套餐电话营销任务书

任务背景
你是××招聘网销售顾问小李，现针对××招聘网超值套餐（半年）进行推广办理。 客户信息：公司名称：××酒店，联系人：张经理，电话：1379××××××
任务要求
1．了解电话销售话术的一般组成。根据下方的企业背景资料及产品知识，按照FABE法则，总结电话销售企业招聘套餐话术。 2．运用SPIN技巧，设计最少10个问题，要求通过问题能够有效挖掘客户需求，突出本产品的卖点。 3．完成电话销售任务。
产品知识

产品名称：××招聘套餐（见图8-1）

招聘套餐专为中小企业招聘量身设计，将企业的招聘信息发布在对应的行业招聘板块中，帮助企业扩大招聘范围，提高招聘质量，解决招聘难题。

销售对象：中小企业。

产品价格及套餐内容：优先推荐半年套餐。

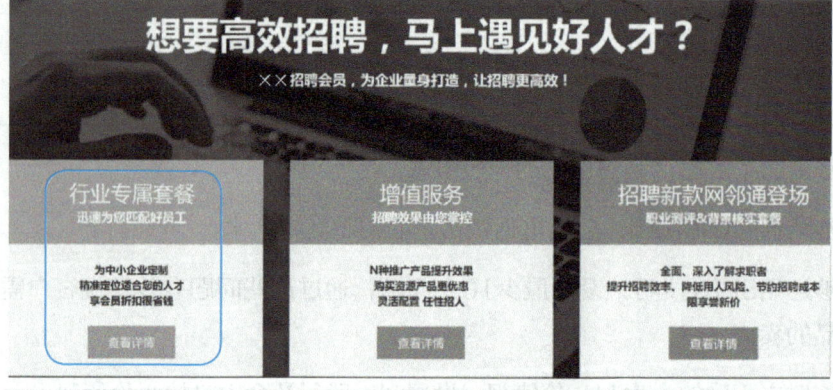

套餐名称	价格	服务时长	简历	面试邀请	精品职位消耗点	高级刷新点	推广余额	上架资源
MINI套餐（月度）	630	31天	20	20	270	90	220	10
快招套餐（季度）	1180	92天	60	60	810	270	320	10
超值套餐（半年）	1660	183天	80	80	1080	360	650	20

图8-1　××招聘套餐

（续）

背景资料
××招聘从属于××技术有限公司，成立于2005年12月。经过发展，××平台已成为最大的本地生活服务平台之一，业务覆盖招聘、房产、汽车、金融、二手及本地服务等各个领域。截至2023年底，××共在400多个城市建立网络平台。 **核心业务** 　　××作为覆盖全领域的生活服务平台，业务覆盖招聘、房产、汽车、金融、二手及本地服务等各个领域。在用户服务层面，××不仅仅是一个信息交互的平台，更是一站式的生活服务平台，同时也逐步为商家建立了全方位的市场营销解决方案。 **业务分布** 　　在本地分类信息和生活服务领域，××已经建立了全面与本地商家直接接触的服务网络。截至2023年第三季度，××已在465个城市建立网络平台。凸显出××本地化、覆盖广、更专业的商业优势，进一步获得客户和用户认可，季度付费会员数超100万，季度活跃本地商户数量超1000万。 　　××招聘平台拥有4亿人才简历库，覆盖餐饮、互联网、金融、零售等多个行业。超4000万家商家的选择，极速发布招聘职位，10秒快速搞定，招人更快更省心如图8-2和图8-3所示。 　　　 **客源够多**　　　　**效果显著**　　　　　　**服务贴心**　　　　**信誉保证** 3亿人都在××平台找工作　1000万+商户认可××推广效果　专业营销顾问1对1服务　上市企业 　　　 **覆盖职位广**　　　　**优质人才多**　　　　**产品效果好**　　　　**团队实力强** 深耕招聘行业10余年，　4亿+求职者都在　精准匹配，大数据+智能　全国覆盖400+城市及区域 覆盖95%热门岗位　　　用的找工作平台　　算法锁定目标求职者  **覆盖职位广** 深耕招聘行业10余年，覆盖95%热门岗位

图8-2　产品优势1

（续）

背景资料
**产品效果好** 精准匹配，大数据+智能算法锁定目标求职者 根据求职意向智能推荐岗位，企业职位信息定向曝光，提高求职者投递率 大数据分析，替企业初步筛选简历，求职者匹配度更高，节省成本 **团队实力强** 全国覆盖400+城市及区域，上千万家企业通过××招聘平台找到合适人才销售顾问+客服顾问的组合方式帮助企业高效快速招人，达到双重保障

图8-3　产品优势2

引导问题1：请查阅任务书，总结以下基本信息。

你的身份：＿＿＿＿＿＿＿＿＿＿＿＿＿＿＿＿＿＿＿＿＿＿＿＿＿＿＿＿＿＿

客户的身份：＿＿＿＿＿＿＿＿＿＿＿＿＿＿＿＿＿＿＿＿＿＿＿＿＿＿＿＿＿

销售的商品名称：＿＿＿＿＿＿＿＿＿＿＿＿＿＿＿＿＿＿＿＿＿＿＿＿＿＿

商品的销售策略及价格：＿＿＿＿＿＿＿＿＿＿＿＿＿＿＿＿＿＿＿＿＿＿＿

＿＿＿＿＿＿＿＿＿＿＿＿＿＿＿＿＿＿＿＿＿＿＿＿＿＿＿＿＿＿＿＿＿＿＿

＿＿＿＿＿＿＿＿＿＿＿＿＿＿＿＿＿＿＿＿＿＿＿＿＿＿＿＿＿＿＿＿＿＿＿

＿＿＿＿＿＿＿＿＿＿＿＿＿＿＿＿＿＿＿＿＿＿＿＿＿＿＿＿＿＿＿＿＿＿＿

引导问题2：查阅资料，总结目标客户的招聘需求。

＿＿＿＿＿＿＿＿＿＿＿＿＿＿＿＿＿＿＿＿＿＿＿＿＿＿＿＿＿＿＿＿＿＿＿

＿＿＿＿＿＿＿＿＿＿＿＿＿＿＿＿＿＿＿＿＿＿＿＿＿＿＿＿＿＿＿＿＿＿＿

＿＿＿＿＿＿＿＿＿＿＿＿＿＿＿＿＿＿＿＿＿＿＿＿＿＿＿＿＿＿＿＿＿＿＿

引导问题3：结合项目资料，总结产品的FABE。

F	A
B	E

引导问题4：结合项目资料，设计S类问题。

_____
_____
_____
_____

引导问题5：结合项目资料，设计P类问题。

_____
_____
_____
_____

引导问题6：结合项目资料，设计I类问题。

_____
_____
_____
_____

引导问题7：结合项目资料，设计N类问题。

_____
_____
_____
_____

任务实施

1．编写完整的销售话术，以附件形式提交给教师。

2．小组内每个组员熟读话术，组内进行一对一交叉练习，并在组内进行评价，将组员成果分析填入表8-1中。

表8-1　组员成果分析表

组员	存在缺陷的内容	改善后的内容

3．请结合组内评价结果进行改善，组内进行一对一话术练习，并由组长进行通关考核，将小组成员分组情况填入表8-2中。

表8-2　小组成员分组表

分组	坐席员	客户

4．小组间进行试讲，通过组内的评价，推选出本组的优秀坐席和优秀客户，填入表8-3中。

表8-3　组员试讲评价表

组别	优秀坐席	优秀客户

评价反馈

每个学生的成绩评定将按学生自评、小组互评、教师评价三阶段进行，按自评占20%、小组互评占30%、教师评价占50%作为每个学生的综合评定结果。将评定结果分别填入表8-4～表8-6中。

表8-4　学生自评表

班级：_____　　姓名：_____　　学号：_____

评价项目	评价标准	分值	得分
任务是否按计划时间完成	能够在课程中按时完成任务要求，超时不计分	10	
相关理论完成情况	能够掌握相关理论知识	20	
技能训练情况	能够与组内成员配合完成技能练习	20	
任务完成情况	能够完成组长分配的工作	20	
任务创新情况	能够在过程中不断完善和创新	10	
材料上交情况	能够准时提交相关任务材料	10	
收获		10	
合计		100	

表8-5　小组互评表

销售代表：_____　　　　　　　客户：_____

评分项	评价标准	分值	得分
开场白	正面介绍自己，核对客户身份，与客户建立良好的沟通基础	3	
销售流程	话术能够完整体现电话销售的销售流程，服务用语标准	5	
需求挖掘	能够运用SPIN电话销售技巧，深度挖掘客户需求	5	
商品介绍	能够运用FABE法则正确介绍商品	5	
话术编写	文字表达准确，无错误字、无病句	2	
合计		20	

表8-6 教师评价表

学生姓名		组别		教师	
项目	评分项	分值	得分	点评	
销售技巧	正面介绍自己，核对客户身份，建立良好的沟通基础	3			
	能够完整体现电话销售的销售流程，服务用语标准	5			
	能够运用SPIN电话销售技巧，深度挖掘客户需求	5			
	能够运用FABE法则正确介绍商品	5			
文字表达准确，无错误字、无病句		2			
语言表达	吐字清晰	2			
	表达流畅	3			
	普通话标准	2			
	富有感染力	3			
合计		30			

拓展思考

- 请简述如何在电话营销中取得客户的信任。
- 请简述促进成交的方法。

拓展学习

一、了解电话销售话术的一般组成

电话销售的话术一般包含以下信息：开场白、了解客户需求、介绍产品、促成交易的方法、结束语。

二、SPIN电话销售法

SPIN中四个字母代表电话销售中的四个销售步骤，如图8-4所示。

- S——Situation Question创造情境，提问挖掘背景。
- P——Problem Question难点问题。

- I——Implication Question暗示问题。
- N——Need-Payoff Question需求—效益问题。

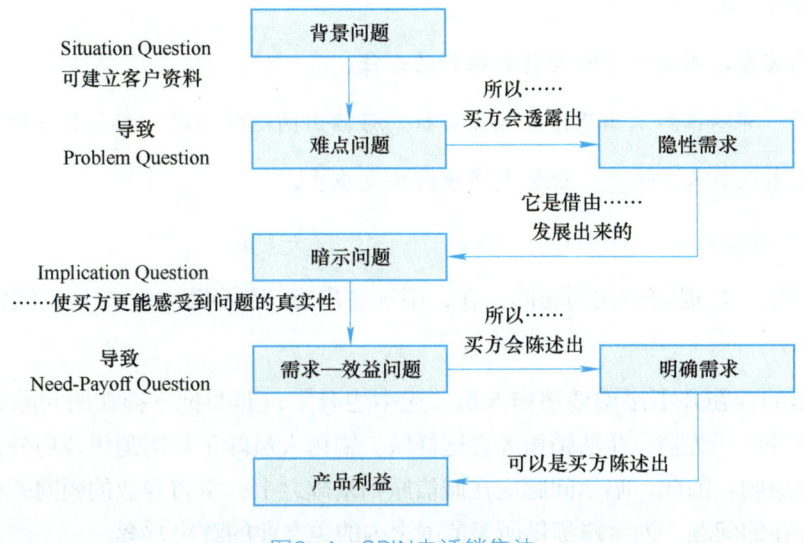

图8-4　SPIN电话销售法

1. 创造情境，通过背景问题挖掘客户需求

这一步既是沟通的暖场，也是探寻客户背景的阶段，主要目的是利用一系列背景问题将客户带入到沟通的情境当中，同时搜集信息，了解客户的业务现状，通过现状了解可能存在的客户需求，为下一阶段的谈话做准备。

例如，下面这段销售人员与客户的对话，就是利用对客户现状的提问来了解客户的背景，挖掘可能的需求。

情境1——了解客户背景

销售人员：咱们企业的机房规模大概有多大呢？

客户：大概有几十台服务器。

销售人员：那规模也不小了，都有哪些业务呢？每天产生的数据量应该很大，都用什么样的储存方案呢？

客户：有不同的业务，包括生产、财务、销售等。数据的话都是按不同业务挂磁盘阵列储存。

2. 探寻问题，通过询问现在存在的问题、难题来探寻需求

结合了解到的客户信息，提出客户业务中存在的问题。难点问题可以由销售人员提出，也可以通过对客户的引导由客户提出，然后通过与客户沟通交流，对难点问题进行确认，使客户明确存在的问题。

情境2——寻找问题

销售人员：存储的安全性怎么样？如果存储出现问题，很容易造成数据丢失，以前有过数据丢失的情况发生吗？

客　户：确实有，不过一直没有什么很好的办法。

销售人员：那以往如果出现像服务器宕机、存储出问题的情况，都怎么处理呢？

客　户：基本就是人工恢复，能恢复多少就恢复多少。

3．暗示问题的存在，通过暗示不满来引导客户表达需求

通过一些暗示性提问强化问题的存在，引导客户意识到问题的严重性，激发客户对现状的不满和重视。

暗示问题的存在并不是说要销售人员"无中生有"，非要把不存在的问题编造出来强加给客户，并给客户"洗脑"非法销售才会这样做。销售人员除了利用销售技巧外，还要遵守诚信的基本道德原则。因此，暗示问题应在诚信原则基础之上，本着专业的顾问式姿态，让客户意识到原本存在的问题，为客户提供所需范围之内的更专业的解决方案。

情境3——提出存在的问题

销售人员：如果企业的重要数据丢失了，岂不是会造成很大的损失？

客　户：是啊，我们为了避免此问题的发生，日常会多巡检、多维护，发现问题快速处理。

销售人员：那你们的工作也是够辛苦了，得24小时绷紧神经，这对于咱们这样的企业，不是长久之计啊！

客　户：是啊，一出问题业务部门就找我们抱怨，我们也很为难。

4．呈现愿景和收益

通过描述愿景和新的产品（服务）带来的收益，把客户的思路引导到对解决方案的探寻上来，同时可以抛出自己的解决方案，为客户描绘愿景，使客户明了产品价值和收益。这一步也是导入产品的好机会。

情境4——呈现产品或服务所带给客户的收益

销售人员：您有没有考虑过其他的优化方案呢？比如说在现有存储基础上再进行增量备份？

客　户：以前确实考虑过，但没有找到太好的解决方案。以前考虑的是能够对所有业务的数据进行自动备份，出问题了之后可以按时间节点进行数据还原，你们能做到吗？

销售人员：我们公司现在有一款产品，可以自动对数据中心所有数据进行增量备份，这样即使服务器挂掉、存储器坏掉都没有关系，都可以做数据的无损还原，可以最大限度保障数据安全。

客户：你们有这样的设备吗？

销售人员：有的，这样既能避免因设备故障带来的业务中断和数据丢失，同时也能减轻你们的工作压力。您感觉对你们来说有帮助吗？

客户：可以啊，那你给我详细介绍一下。

三、FABE法则

FABE法则就是在找出客户感兴趣的特征后，分析这一特征所产生的优点，找出这一优点能够带给客户的利益，最后提出证据。通过四个关键环节的销售模式，解答消费诉求，证实该产品确能给客户带来这些利益，极为巧妙地处理好客户关心的问题，从而顺利实现产品的销售诉求。

1. 发掘产品的特质（F）

F——代表特征（Features），即产品的特质、特性等基本功能，以及它是如何用来满足人们的各种需要的。每一个产品都有其功能，否则就没有了存在的意义，这一点应是毋庸置疑的。对于一个产品的常规功能，许多电话销售人员也都有一定的认识，尤其是对于一个非常基层的电话销售人员来说，经常按照提供的标准话术去推介产品，缺乏自主的思考往往会被拒绝。因此，无论是面对面的销售人员，还是以电话为主要媒介进行销售的电话销售人员，都要深刻发掘自身产品的潜质，努力去找到竞争对手和其他销售人员忽略的特性。当你给了客户一个"情理之中，意料之外"的感觉时，下一步的工作就很容易展开了。

以下面的楼盘销售对话为例，说明FABE法则。

情境1

商品信息——紧邻湿地公园的楼盘

楼盘介绍：作为湿地公园旁的楼盘，它临海、面山，具有稀缺的自然资源，这些资源都是不可复制的。纵观整个房地产市场，拥有稀缺自然资源的楼盘的价值肯定要高出其他楼盘。

依据FABE法则，可以将楼盘信息进行如下介绍，先挖掘商品特质：

F（特征）——我们的楼盘项目紧靠湿地公园。

2. 挖掘商品的比较优势（A）

A——代表优点（Advantages），即商品特性究竟发挥了什么功能，是要向顾客证明"购买的理由"。进行同类产品比较，列出比较优势，或者列出这个产品独特的地方。可以直接或间接地描述产品的优势。

销售人员的基本职责首先是要非常清楚商品的基本特质、特性，在此基础上如果能够通过与同类产品的比较而分析出产品的优势，那就是帮助客户更清晰地理出了该商品能够带给客户的价值。

情境2

商品信息——紧邻湿地公园的楼盘

楼盘介绍：作为湿地公园旁的楼盘，它临海、面山，具有稀缺的自然资源，这些资源都是不可复制的。纵观整个房地产市场，拥有稀缺自然资源的楼盘的价值肯定要高出其他楼盘。

依据FABE法则，可以将楼盘信息进行如下介绍，先挖掘商品特质，然后说明比较优势：

F（特征）——我们的楼盘项目紧靠湿地公园。

A（优势）——您下楼步行几分钟就可以到湿地公园去散步。

3. 分析产品带给客户的利益（B）

B——代表这一优点能带给顾客的利益（Benefits），即商品的优势带给顾客的好处。利益推销已成为推销的主流理念，一切以客户利益为中心，通过强调客户能得到的利益，激发客户的购买欲望。这种方法又称为右脑销售法则，其特点是用众多的形象词语来帮助消费者虚拟体验这个产品。

情境3

商品信息——紧邻湿地公园的楼盘

楼盘介绍：作为湿地公园旁的楼盘，它临海、面山，具有稀缺的自然资源，这些资源都是不可复制的。纵观整个房地产市场，拥有稀缺自然资源的楼盘的价值肯定要高出其他楼盘。

依据FABE法则，可以将楼盘信息进行如下介绍，先挖掘商品特质，然后说明比较优势，接着挖掘对客户的切身利益：

F（特征）——我们的楼盘项目紧靠湿地公园。

A（优势）——您下楼步行几分钟就可以到湿地公园去散步。

B（利益）——是老年人晨练、锻炼身体的好地方，非常方便。

4. 展示佐证材料说明文件（E）

E——代表证据（Evidence），包括技术报告、顾客来信、报刊文章、照片等，通过现场演示、相关证明文件、品牌效应来印证刚才的一系列介绍。所有作为"证据"的材料都应该具有足够的客观性、权威性、可靠性和可见证性。

情境4

商品信息——紧邻湿地公园的楼盘

楼盘介绍：作为湿地公园旁的楼盘，它临海、面山，具有稀缺的自然资源，这些资源都是不可复制的。纵观整个房地产市场，拥有稀缺自然资源的楼盘的价值肯定要高出其他楼盘。

依据FABE法则，可以将楼盘信息进行如下介绍，先挖掘商品特质，然后说明比较优势，接着挖掘对客户的切身利益，最后要佐证所说商品的特点优势：

F（特征）——我们的楼盘项目紧靠湿地公园。

A（优势）——您下楼步行几分钟就可以到湿地公园去散步。

B（利益）——是老年人晨练、锻炼身体的好地方，非常方便。

E（证据）——您可以看看这里的规划图，有时间的话也可以去旁边的公园实地走走，这个公园非常漂亮，最近很多客户都已经签了合同（展示已签合同名录）。

四、参考话术

1. 按照FABE法则总结产品卖点

F：××招聘作为涉及全领域的生活服务平台，业务覆盖招聘、房产、汽车、金融等领域，为商家建立了全方位的市场营销解决方案。

A：××招聘在全国范围内共设立30家分公司，并在465个城市建立网络平台。

B：招聘套餐内的精品职位资源帮您精准匹配行业专业人才，让招聘更高效更轻松。

E：××招聘已经超过同类型第2名和第3名的应用总和，每日简历新增量8万～10万，PC月流量5亿人次，手机招聘浏览量2亿人次。××招聘人均成本低，尤其在中低端职位招聘效果良好，同城公司上线招聘启示，仅两天就收到了几百份的简历。

2. 运用SPIN技巧设计问题，挖掘客户的需求

S——背景问题：贵公司是属于哪个行业？贵公司目前有多少在职人员，主要招聘哪些岗位？您之前在使用哪些招聘途径？今年预计招聘多少人？

P——难点问题：贵公司今年预计招聘多少人？贵公司要求多长时间内招到人？现在"用工荒"问题严重，贵公司是不是也遇到了招不到人的问题？之前网站上投递简历的数量是不是很少？贵公司之前是不是也遇到过买了广告费还找不到人的情况？如果每个人都手写面试邀请，会不会觉得很麻烦？免费用户每天只能发布3个招聘岗位，会不会觉得不够用？现在是招聘旺季，贵公司发的招聘信息是不是经常不能显示在首页（被刷到后面）？

I——暗示问题：每年的2～3月都是招聘旺季，大部分人员都在此时段完成招聘，贵公司今年的招聘压力也挺大的吧？能够快速地把人员补齐，今年也会轻松不少吧？

N——需求—效益问题：如果每个岗位每天能收到10～20份简历，是不是贵公司在人员筛选方面会有更多的选择？贵公司是否希望每天有专属的客服帮忙推荐匹配要求的简历？如果可以每天开放20个岗位资源，贵公司觉得会不会更快地招聘到合适的人才？

学习任务 ❾

汽车保险续保电话营销

任务描述

你是××车险的电话销售顾问,外呼目标是完成向客户×先生销售"××车险交强险+商业险"。

本学习任务要求坐席员按话术要求进行汽车保险续保外呼,以车险到期告知客户促销活动为切入点,核对客户关键数据并引导客户购买交强险,为下一步购买××保险商业险做好准备。

学习目标

- 掌握保险行业电话营销的基本特征。
- 掌握异议处理的方法和技巧。
- 能够把握成交时机并掌握促成交易的方法。
- 提升坐席员的沟通能力和分析问题、解决问题的能力。
- 提升职业自信心与自豪感。

工作准备

- 理解话术要求,认真阅读任务背景。
- 练习电话外呼所需要的语言表达、沟通技巧。
- 整理汽车保险续保产品的常见问题。

呼叫中心呼出业务能力训练

获取信息

引导问题1：搜索并简述保险行业电话营销的基本特征。

_____
_____
_____

引导问题2：请通过网络搜索，整理3种以上的汽车保险业务，并填入表9-1中。

表9-1　常见的汽车保险业务

企业名称	外呼目标客户	外呼内容

引导问题3：请阅读表9-2中的外呼背景，并通过网络整理产品资料，回答以下问题。

表9-2　外呼背景资料

客户信息					
行业	××保险	业务类型	在线报价	受理部门	电话销售部
业务处理人	小×	受理时间	2020.5.1	坐席工号	088
客户姓名	×××	手机号码	138××××××67	性别	男
所在地区	山西	车牌号	晋B××××××	车辆品牌	××
客户来源	网上报价客户	电子邮箱	138××××××67@××.com	传真号码	××××
联系地址	××省××市××区××号				

在生活中你都见过哪些智能设备？简单阐述它们的工作原理。

Q1：简述目标客户的背景。

_____
_____
_____
_____

Q2：××保险的产品卖点是什么？
_____
_____
_____
_____

Q3：为什么要让客户购买商业险？
_____
_____
_____
_____

> **小知识**

交强险和商业险的区别

1）交强险属于强制性保险，汽车必须要购买交强险才可以上路；而商业险则是交强险的一种补充，应本着自愿的原则进行投保。

2）交强险保障范围更广泛，不仅承担被保险人有责时依法承担的损害赔偿，还承担被保险人无责时相应的损害赔偿；商业险则在被保险人无责的情况，不承担赔偿。

3）交强险的保险费率要低于商业险，因为商业险主要以营利为目的，所以保险费率也会高一些。

4）交强险实行分享责任限额，死亡伤残限额11万元、医疗费用赔偿限额1万元、财产损失赔偿限额2千元；而商业险的赔偿限额则由被保险人的投保金额决定，可以在5万元至200万元之间选择。

引导问题4：请熟读以下话术，并在话术的重点内容下标注横线。

汽车保险续保销售话术

坐席员：您好，感谢您的接听，这里是××车险电话中心，我是您的车险专业顾问小×，工号088，请问您是×先生吗？

客　户：是，有什么事情？

坐席员：是这样的，本月××车险针对有车客户限量推出了为期一个月的车险特色优惠活动,而且可以电话给您做报价,您的车险是不是快到期了?

客　　户:对啊,下个月到期了。

坐席员:您的车子是家用5座及以下的吗?开了几年了?购车时的金额大概是多少?

客　　户:是的,开了快三年了吧,当时11万多买的。

坐席员:您之前给爱车都缴纳了什么保险啊?

客　　户:一直都只交了交强险,没交别的。

坐席员:好的了解,我给您通过系统匹配了一下,首先您的车还是要继续上一个交强险,这是国家规定必须要购买的,但您今年是第三年购买交强险,可享受国家规定保费的百分之三十的折扣,价格为665元。另外,我们为您规划了一套5007.66元的商业保险方案,包含了保额高达11万元的车损险、50万元的三者险、全车盗抢险、司机座位责任险、玻璃破损险以及附带上述险种的不计免赔。我们的车险相比其他公司有着服务优、效率高、价格低的优势,行业首创免单证,24小时结案,现场直接理赔,可以为您更好地保驾护航,降低出行风险和损失。

客　　户:我觉得交那么多没啥必要,就交一个交强险就得了。

坐席员:×先生,交强险当然是一定要上的,但是除了交强险,商业车险作为交强险的补充,属于车主自愿投保的险种。随着汽车保有量的日益增加,道路状况也越发复杂,车辆发生事故的几率明显上升,万一车辆剐蹭或者发生事故涉及到理赔,您只有一个交强险岂不是很没有保障?

客　　户:我开车技术很好的,不会出现什么事故。

坐席员:×先生,我相信您肯定是一位驾驶经验丰富、技术很好的车主,但是您可以保证您自己的技术好,您能保证别人的技术吗?

客　　户:这个确实保证不了,现在很多车都是横冲直撞的,每次我和家人坐在车里都担惊受怕的。

坐席员:是啊×先生,现在生活水平高了,车也多了,像我们经常能在生活中、新闻里看到各种交通上的问题:大小事故、车辆剐蹭、人员受伤、车辆盗窃等事件,相信您肯定也看到过吧?其实保险就是给咱们自己多加一些保障,也避免万一出现突发情况让咱们受到更大的损失,所以购买商业险还是非常有必要的,您觉得呢?

客　　户:你说得很有道理,但是你们的价格太贵了,我找找看有没有便宜点的吧!

坐席员:×先生,多一分钱就多一份保障,或许您通过其他途径投保,价格会便宜点,但是相关的服务是否有保障就很难说,如果理赔时少赔或者出险不及时,这也不是您想看到的。这些在我们公司都是有保障的,我们××车险是国内七大保险集团之一,成立已15年有余,一直秉持没有客户便没有一切的价值理念,旗下更是拥有汽车保险、财产保险、人寿保险、信用保证保险、资产管理等多家专业子公司,您选择我们,我有这个自信承诺您不会失望。您下个月保期就要到了,您看现在给您订购上,刚好下个月可以开始用了,好吗?

客　户:嗯,那好吧!那你给我订上吧!

引导问题5:请总结常见的成交时机并掌握促成交易的方法。

_____
_____
_____
_____

任务实施

1.小组内每个组员熟读话术,组内进行一对一交叉练习,并在组内进行评价,将组员成果分析填入表9-3中。

表9-3　组员成果分析表

组员	存在缺陷的内容	改善后的内容

2.请结合组内评价结果进行改善,分组进行一对一话术练习,并由组长进行通关考核,将小组成员分组情况填入表9-4中。

表9-4　组长考核评价表

分组	坐席员	客户

3．小组组员间进行试讲，通过组内的评价，推选出本组的优秀坐席和优秀客户，填入表9-5中。

表9-5　组员试讲评价表

组别	优秀坐席	优秀客户

评价反馈

每个学生的成绩评定将按学生自评、小组互评、教师评价三阶段进行，并按自评占20%、小组互评占30%、教师评价占50%作为每个学生的综合评定结果。评价结果分别填入表9-6～表9-8中。

表9-6　学生自评表

班级：_____　　姓名：_____　　学号：_____

评价项目	评价标准	分值	得分
任务是否按计划时间完成	能够在课程中按时完成任务要求，超时不计分	10	
相关理论完成情况	能够掌握相关理论知识	20	
技能训练情况	能够与组内成员配合完成技能练习	20	
任务完成情况	能够完成组长分配的工作	20	
任务创新情况	能够在过程中不断完善和创新	10	
材料上交情况	能够准时提交相关任务材料	10	
收获		10	
	合计	100	

表9-7　小组互评表

销售代表：_____　　客户：_____

评分项	评价标准	分值	得分
开场白	正面介绍自己，核对客户身份，与客户建立良好的沟通基础	5	
销售流程	能够运用LSCPA法则完成销售流程，服务用语标准	5	
需求挖掘	能够运用SPIN电话销售技巧，深度挖掘客户需求	5	
商品介绍	能够运用FABE法则正确介绍商品	5	
推动成交	积极引导客户成交，处理客户异议	5	
	合计	25	

表9-8 教师评价表

学生姓名		组别		教师	
项目	评分项	分值	得分	点评	
销售技巧	正面介绍自己，核对客户身份，建立良好的沟通基础	5			
	能够运用LSCPA法则完成销售流程，服务用语标准	5			
	能够运用SPIN电话销售技巧，深度挖掘客户需求	5			
	能够运用FABE法则正确介绍商品	5			
	积极引导客户成交，处理客户异议	5			
语言表达	吐字清晰	2			
	表达流畅	3			
	普通话标准	2			
	富有感染力	3			
合计		35			

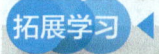

- 请简述异议产生的原因、类型。
- 请简述异议处理的方法和技巧。

拓展学习

一、了解保险业呼叫中心

金融业是仅次于电信业的呼叫中心应用第二大市场，保险作为其中的一个分支行业，其呼叫中心实现了保险业一年365天、每天24小时无间断为客户提供服务的目的，大大提升了客户与工作人员的沟通效率，基本实现了为客户提供及时、有效、合理的保险服务。另外，以产品销售为导向的保险电销中心也是保险企业的重要营收来源。

二、运用LSCPA客户异议处理方法

LSCPA客户异议处理方法是处理客户异议的电话销售技巧，它采用了细致、细腻的推销语言程序来界定和把握客户异议，让客户和电话销售人员的沟通有的放矢。我们推崇客户在购买产品时总是顾虑重重，LSCPA客户异议处理方法有助于化解分歧，达成共识。

L——倾听（Listen），倾听客户的担忧，确认真正的反对理由。

S——分担（Share），站在客户的角度为其分忧解难。

C——澄清（Clarify），对于客户的担忧加以解释，以确认问题所在。

P——陈述（Present），针对客户的忧虑，提出合理建议。

A——要求（Ask），对于提出的建议，要征求客户的最终同意。

LSCPA客户异议处理方法（即LSCPA法则）是应用倾听、分担、澄清、陈述、要求五种技巧来化解客户异议，从而达到客户购买目的的销售法。LSCPA法则流程如图9-1所示。

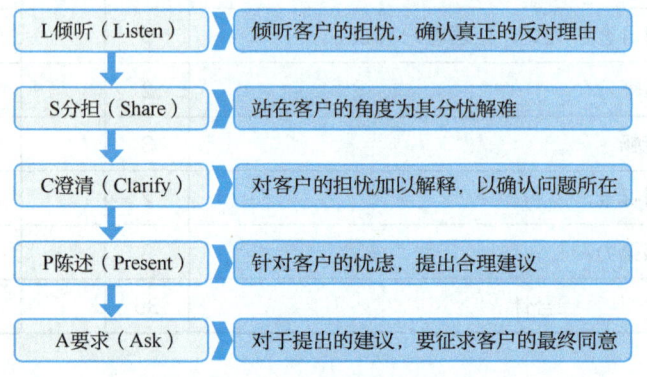

图9-1　LSCPA法则流程图

三、异议产生的原因、类型及处理方法

1. 常见的客户异议的类型（见表9-9）

表9-9　常见的客户异议的类型

异议类型	具体阐述
需求异议	客户认为产品不符合自己的需要而提出反对意见
商品质量异议	客户针对推销产品的质量、性能、规格、品种、包装等方面提出的反对意见，也称为产品异议
价格异议	客户认为价格过高或者价格与价值不符而提出的反对意见
服务异议	客户针对购买前后一系列服务的具体方式、内容等方面提出的反对意见
购买时间异议	客户认为现在不是最佳的购买时间，或者对销售人员提出的交货时间的反对意见
进货渠道异议	客户对销售品的来源提出的反对意见
销售人员异议	客户对销售人员的行为提出的反对意见
支付能力异议	客户由于无钱购买提出的反对意见

2．常见客户异议的处理方法

（1）价格异议

1）产品价格确实太高时。如果是产品价格确实太高，首先要认同客户的说法，使客户觉得你在情感上是和他保持一致的，然后介绍产品的价值或者给出充分的理由和证据来证明自己产品价格高是物有所值的，一般可以这样回答：

"我理解您的想法，表面上看我们的产品价格确实比其他品牌的要高一些，但是如果您使用过后就会发现，我们的产品……总之，我们的产品更受欢迎。"

"一开始我也和您一样，感觉我们的产品价格高了一点，但是通过一段时间的调查，可以发现我们的产品实际上是市场上同类产品中性价比最高的。"

"我们的老客户在没用过我们的产品之前也是这样感觉的，但是用过我们的产品之后，他们发现长期的收益要远远高于这些最初的花费。"

2）价格其实已经很低时。有时我们的价格其实已经很低了，但是客户仍然故意找借口说价格高，这个时候就不应该再强调自己的价值了，而是一步步推翻客户的观点，最后使客户认识到产品的优势所在。可以通过反问的策略，如下：

"您认为我们的产品价格高，是与哪个厂家、哪个品牌的哪种规格的产品相比较的呢？"

"我们最近刚做的市场调查，我们的产品确实已经是市场上价格最低的了，不知道还有哪家比我们的产品价格还要低，您能告诉我吗？"

（2）产品异议

产品异议主要是指客户对产品的质量、操作、保修、送货等方面的质疑，担心产品某方面不能满足其需求。

1）产品质量不够好时。如果客户是切身体验过才这么说，那么你可以作如下解释：

"我不知道您的产品损坏的具体原因是什么，有可能确实是我们哪里做的还不够好，但是一直以来我们都在努力改进，特别是产品质量，事实上我们的产品质量一直很受客户的认可，您要是再遇到有质量问题的产品一定要及时和我们沟通，我们一定会尽我们的最大努力使您满意，绝对不会让您吃亏的。"

如果客户只是信口开河，随口说说，其实并没有确切的证据来证明产品的质量问题，那么最好的解释是：

"我不知道您为什么要这样认为，您可以到我们网站上看消费者的评价，基本上全是好评，而且我们的客户满意度已经达到了95%，这已经是相当不容易的了，这也说明了我们的产品质量是很有保证的。您说呢？"

2）产品保修期太短时。当客户提出这个疑问的时候，就说明客户其实已经很关注产品了，其购买意向也很高。对保修期的关注其实说明了客户非常在意产品的质量好坏，因此我们的解释就应该体现在强调产品质量上，使客户相信我们的产品损坏的可能性是很低的，另外也应该强调产品保修期是符合行业标准的，行业内大多数品牌的产品都在这个保修期内，这样客户就不会去计较保修期的长短问题了。

3）产品操作起来不方便时。客户提出这种问题一般是没有看使用说明书，还不了解产品的使用特点的时候。电话销售人员应该引导客户认识到使用说明书的重要性，并告诉客户其实操作起来并没有那么复杂。如果客户在看过说明书后还是认为操作太复杂，那么，电话销售人员应该充分肯定和理解客户的感受，并反复强调产品的优点，以弥补产品操作复杂的缺陷。例如：

"您说得对，我们的产品确实操作起来不大方便，但是您想想哪里会有十全十美的东西呢？如果您想要功能新颖或者齐全的产品，那它操作起来必定没有那么简单，如果您想要操作简单的产品，它必定在功能上不会有吸引力，其实复杂的操作您只要使用习惯了也会变得简单的，您说是吗？"

4）产品不送货上门时。当客户要求送货上门的时候，应该尽量满足客户的要求，但是如果产品真的不方便送货上门，应该向客户解释清楚，并用其他的方式替代客户的要求。例如：

"我们确实不负责送货上门，这是因为我们觉得这种产品其实邮寄起来更方便，而且我们负责全部的邮寄费用，如果您想要换货或者退货我们也承担您寄过来的费用。我们向您保证送货准时且安全，绝对不会让您受到任何损失，这并不比送货上门要差，您说呢？"

（3）财力异议

当客户向你抱怨最近财力紧张，没有钱支付的时候，一个原因可能是他想要拒绝，还有一个原因是他想要以此促使电话销售人员降价。不管是什么原因，电话销售人员都不应该相信客户的这种抱怨，更不应该采取降价措施，而是应该不断地恭维客户（当然不是无限制地恭维，可自己把握度），并强调自己的产品可以为客户带来利益。销售人员可以这样说：

"您真是会开玩笑，您要是没有钱那其他公司还怎么生存啊？况且您只要买了我们的产品，还怕不能把钱提早挣回来吗？"

记住，如果客户真的是有需求但是始终强调财力不够，那么电话销售人员应该把握好下次合作的机会，将客户作为未来的重要目标客户进行信息归档，找寻下次合作的机会。

（4）其他异议

1）我们已经有其他供应商了。当对方说已经有供应商的时候，千万不要趁机诋毁对方的供应商，道理很简单，你说客户千挑万选的供应商不好，其实也就是在说客户不会选择，即客户不好。一个比较聪明的做法是尽力称赞对方，同时巧妙地展示自己产品的独特卖点，让对方做一个比较。例如：

"您真有眼光啊。××公司的产品的确很不错，他们在行业内的口碑也很好。不过时代在进步，一切都在变化之中。我们公司最近推出了一款产品，在性能和质量方面比目前市场上的其他产品更胜一筹，而价格却要便宜10%，我建议您不妨尝试一下我们的产品。"

"我当然知道啊，像您这么有名的公司肯定有很多的供应商排着队来为您服务。贵公司有供应商是很正常的事情。上个星期，我们的市场调查员做了一个调查。结果显示，我们的产品在降低成本方面是占有更大的优势的。如果您对降低成本感兴趣的话，我们可以好好讨论一下。"

2）我考虑下，需要时再给你们电话吧。

例如："先生，其实相关的重点我们不是都已经讨论过吗？容我直率地问一问，您的顾虑是什么？"

"先生，也许您目前没有这方面的意愿，但是，希望给我们一个机会，也为您后续多一个选择，保持联系。"

3）我现在没什么兴趣（我不需要）。客户说"没兴趣"并不一定就真的不需要，也许只是因为他对你的产品或者服务还不是很了解，所以，你要做的就是说服客户去了解你的产品或者服务。例如：

"我们都是这样，对不太了解的东西很难说有很大兴趣。所以我才希望能够有机会让您了解一下我们的服务，我相信，我们的服务一定能够引起您的兴趣。"

4）其他相关异议。

例如："你们是怎么知道我的电话的？"

"您的手机号码是我们在电脑系统中随机抽取的，您放心，我们绝对不会泄露您的任何个人资料。"

四、促进成交的技巧

1. 成交策略

（1）捕捉成交信号

成交信号就是客户决定与电话销售人员达成交易的外在表现，包括语言信号和事态信号。

（2）辨识决策者

电话销售人员如果找不到决策人，那么即使有正确的方向，到最后也是白白浪费了时间和精力。只有找到真正起决定作用的人，具有实际意义的销售沟通才可能得以开始。

（3）不要打破客户的沉默

一般来讲，在客户沉默的时候，电话销售人员必须要有信心和耐心等待客户的决策，不要给客户太大的压力，不要打断客户的思考。

2. 成交方法

（1）直接成交法

直接成交法是一种最简单，也是最常见的促进成交的方法。这种方法是指电话销售人员利用各种成交机会，积极提示，主动向客户提出成交要求，努力促成交易。

（2）假定成交法

假定成交法就是让客户进入一种"已经做出购买决策"的情境，从而强化客户的购买意识，只要做得恰如其分，通常能够顺利地促成交易。假定成交法不谈及令双方敏感的"是否购买"这一话题，减轻了客户购买决策的心理压力，以"暗度陈仓"的方式，自然过渡到实质的成交问题。

（3）连续肯定法

连续肯定法是指电话销售人员所提问题便于客户用赞同的口吻来回答，也就是说，电话销售人员让客户对其推销说明中所提出的一系列问题，连续地回答"是"，等到要求签订单时，已形成有利的情况，好让客户再做一次肯定答复。

（4）二选其一法

二选其一法是指电话销售人员向潜在客户提供两种隐含着客户已经决定购买，但在某一问题上还需选择的询问促成方法。这种方法的主要目的在于对客户形成成交暗示，使其默认成交，然后在这个基础上进行成交的具体选择。比如买这还是买那，买多还是买少，今天买还是明天买，无形中使客户难以拒绝成交。不论客户如何选择，结果都是成交。

五、客户跟进

客户跟进这个环节在以前经常被电话销售人员忽略，其实这是一个很关键的步骤。对于某些产品，是需要不断跟进才能完成的，尤其是重点跟进那些对产品和服务感兴趣，但暂时没有购买的客户。这批客户可以安排好时间，半个月后打一次电话或者询问客户大约什么时候可以购买，到时提前几天打给客户，这其实比单纯地打陌生电话更容易成功。

参 考 文 献

[1] 劢文颖，冯俊芹．呼叫中心客户服务与管理（初级技能）[M]．北京：机械工业出版社，2020．

[2] 曹明元．电话销售能力训练[M]．北京：高等教育出版社，2014．

[3] 陈宁华．电话营销的运营与管理[M]．北京：清华大学出版社，2015．

[4] 李智贤．电话销售中的拒绝处理（纪念版）[M]．北京：机械工业出版社，2018．